中国西部高校
产学研合作研究

王崇举 郑旭煦 ◎著

科学出版社

北京

内 容 简 介

本书从理论和实践两个角度对产学研合作进行了系统深入的研究。在理论部分，首先阐述了产学研合作的基本概念、内涵和意义，对国内外高校产学研合作现状进行了比较详细的研究，在此基础上提出了我国高校产学研合作体制机制创新的基本思路；然后结合中国国情研究了我国实施企业导向的产学研合作的必要性及存在的困难和障碍，有针对性地提出了中国西部高校产学研合作的相关政策设计。在实践部分，主要以重庆工商大学经管类专业、艺术类专业、文化传媒类专业产学研合作办学及该校产学研合作科技创新的探索与实践为例，总结提炼了西部地方高校开展产学研合作培养人才和科技创新的经验；最后简要介绍了重庆其他部分高校实施产学研合作的现状及特点。

本书理论和实践相融，是高校开展产学研合作研究和实践的结晶，适合于我国企业、高校和科研院所从事与产学研合作相关研究与实践的工作人员参阅。

图书在版编目(CIP)数据

中国西部高校产学研合作研究/王崇举，郑旭煦著 . —北京：科学出版社，2013

ISBN 978-7-03-038683-0

Ⅰ. ①中⋯ Ⅱ. ①王⋯ ②郑⋯ Ⅲ. ①高等学校-产学合作-研究-西北地区 ②高等学校-产学合作-研究-西南地区 Ⅳ. ①G649.2

中国版本图书馆 CIP 数据核字（2013）第 226209 号

责任编辑：石 卉 元 利／责任校对：宣 慧
责任印制：徐晓晨／封面设计：无极书装
编辑部电话：010-64035853
E-mail：houjunlin@mail.sciencep.com

科学出版社 出版
北京东黄城根北街 16 号
邮政编码：100717
http://www.sciencep.com

北京凌奇印刷有限责任公司 印刷
科学出版社发行 各地新华书店经销

*

2013 年 11 月第 一 版　开本：B5（720×1000）
2019 年 1 月第三次印刷　印张：13 1/4
字数：254 000
定价：68.00 元
（如有印装质量问题，我社负责调换）

前　　言

产学研合作这个概念虽然才来到中国不久，但对政府来说，已经是一个使用频率很高的政策词汇。产学研各界的管理者和相当部分的一线科技研发人员也都很熟悉它。但鲜见具体的产学研成功和持久合作的案例，中央和地方政府对产学研合作所需环境和政策的研究也不系统、不完整。因而，迄今为止，并没有一个真正意义上的、从产学研合作的基本需求出发的、推进和扶持产学研合作的法规和政策体系出台。

中国当前面临的国内外经济发展环境是空前严峻的。由次贷危机、主权债务危机引起的世界发达经济体的低迷增长甚至萧条会在相当长的时期内持续，因而也就会长期地影响我们的出口贸易、对外投资和招商引资；国内要素价格持续上升，资源的供给约束不断趋紧，生态环境压力日渐加大，市场消费结构和水平已经发生而且还将继续发生巨大的变化。这些因素导致了我国经济在当前出现了下滑！应该看到的是，前面提到的这些因素都出现在制约我们按传统模式发展经济的基本面上，如果我们的发展模式不改变，严峻的发展环境和条件就会持续，经济下滑也就不只是我们当前才会面对的问题。

怎样才能转变发展模式？这是一个经常在各种场合被人们讨论的问题。我们想说的是，作为经济发展主体的企业，还有没有其他可以替换甚至可以被高效利用的要素资源？作为社会，还有没有在过去几十年中已经积累，但是仅仅是因为体制的约束，或者是我们没有尽力去挖掘和开发的"闲置"资源？从这样的角度看问题，我们就可以将产学研合作放到这样的战略高度去认识！即回答：中国的发展是否可持续？当前经济发展遇到的困难是否可克服？我国经济和社会的协调发展该寻求怎样的突破口？中国的改革开放如何深化？

政府和社会各个层面都认识到产学研合作重要，但我们又缺乏推进产学研合作的整体战略和系统的政策设计，究其原因，是这个问题的重要性很容易被认识，但真正要推进这项工作至少有三个层面的大的困难。一是产学研各方按我国传统的划分方法分属经济和社会两大板块，改革开放30多年过去了，这两大板块的社会单位管理体制不同、社会责任不同、承担任务不同，较难沟通融合。二是产学研各方及其主要的科研技术骨干对科技创新的理解有较大的差别。企业看重新技术、新工艺、新材料、新产品，要求研发人员技能强，而高校和科研院所则看重原创理论、国家项目、高水平论文、发明专利、政府奖励等，要求科技人员寻找问题和把握问题理论实质的能力强。两种偏好之间本来也有联系，但只有很少的科技人员能认识到，而且都不能说他们能把握住这些联系。三是产学研各方的科技研发人员获取收入的模式和渠道有较大的差别。企业早已与市场经济接轨，企业的科技人员与企业管理者、其他工作人员一样，创新劳动的成果及对企业的贡献会被量化，他们会按被量化的成果获得工资、奖金，抑或年薪、股份；而高校和科研院所的科研技术人员，按他们的历史贡献（指前面谈及的那些成果范畴）获得工资和津贴，他们的当期工作难以被及时累积，更难获得股份收益。三类单位激励机制存在较大的差别。

　　西部地区的情况可能更特殊一些。一方面，西部地区的产学研各方，也都要共同面对产学研合作所遭遇的上述三个层面的体制和机制障碍；另一方面，无论是我们的企业，还是高校和科研院所，对市场的了解和把握，对技术的钻研和占有，人才的数量和水平，参与市场竞争的意识和能力，也都远逊于东部地区的企业、高校和科研院所。要迎头赶上，甚至后来居上，就必须借助联合的力量。正因为如此，西部地区对产学研合作的需求，就比东部地区更为强烈，产学研各个群体中的有识之士，就更敢于直接去面对、去冲击前面所述的三大障碍。

　　我担任重庆工商大学（含其前身之一的重庆商学院）校长近12年，其间刚好开始西部大开发，也刚好迎来高等学校的持续扩招，这段时间是西部高校发展最快、发展机遇最多的时期；也是校长们和管理层格外繁忙、难题成堆、压力最大的时期。任职期间，辛劳甘苦甚多，但一项工作能被自己持续关注，尝尽酸辣苦甜之后，仍觉它对学校和社会发展均意义重大，愿意不怨不舍地做下去的委实不多，产学研合作的推进，是其中之一！

　　从高校的角度推进产学研合作，首先面对的问题是如何确定自己的需求。西部高校普遍面临资金严重短缺，师资质量不高、数量不足而且还在不断流失的问题。有什么样的办法能够在较短的时间内同时帮助我们缓解这两个困难呢？当时西部地区对外开放滞后，但东部地区对外开放的成功经验已经在深刻影响我们的思维。西部要后起追赶更得靠对外开放，其中也包括对东部的开放，而对外开放的外在表现是国际贸易和资本、技术引进，但基础的条件是要有能把产品变成商品并销往国外的能力和人才，要有能消化吸收、提升创新引进技术的能力和人才。

传统的高校擅长的是知识体系的灌输和教学，既缺乏对市场需求的技术及与之关联的能力的把握，更缺乏基于市场，知识、能力、素质融会贯通的师资和实验条件，于是这个新型人才培养的任务只能由高校联合企业、科研院所共同来完成，这就是西部高校对产学研合作最基本的需求。将需求细分，可以区分经管、人文、理工等大的学科专业门类，可以从学科专业门类中区分新兴专业和传统专业的新兴课程，可以从课程中区分课程内容和与课程关联的实践活动，可以从实践活动中区分实验室建设、实验教学与学生在企业或合作体内的实习、实训及创新活动。

从高校的角度推进产学研合作，要面对的第二个问题是如何选择恰当的合作伙伴，尤其是企业的合作伙伴。对这个问题我们的体会有三点。一是所选的企业一定应是其所在行业领域敢于创新或是创新领先者，它们的创新技术或创新业务，既是市场所需，也是高校专业发展所需；二是所选的企业领导素质、管理水平高，治理结构先进，易于和高校对产学研合作体形成文化理念的契合，在管理体制和运行机制的设计上达成共识；三是所选企业要有一批基础理论广泛扎实、技术创新开发阅历和经验丰富、创新攻关能力强、能教书育人的专业技术人才。

从高校的角度推进产学研合作，要面对的第三个问题是如何考虑合作体的管理体制和运行机制。传统的高校有比较恒定的机关处室和院系设置，对某一单位有比较统一的编制管理办法和干部职数配置，有较为格式化的人才培养方案及教学计划，有整齐划一的运行经费预算和主要按人员职称、资历进行分配的工资、津贴。产学研合作体必须打破这些！这一则是因为产学研合作各方的体制、机制本身就不一样，产学研合作体应该对各种体制和机制的优势和长项兼收并蓄，推行产学研合作的一个目的也就是要借此对高校旧的管理体制和机制进行改革；二则是如果希望产学研合作体在人才培养和技术开发领域能与市场接轨、满足市场需求，它就必须适应市场的竞争环境，满足市场经济条件下社会机构的运行规律，这可能是更重要的。当然，当高校成立了一个又一个的产学研合作体后，也应以此为契机，从根本上对旧的考评模式、治理结构、管理制度、体制机制进行改革。

从高校的角度推进产学研合作，还要面对的一个问题是产学研合作体目标的选择。简单地概括产学研合作体的目标，可以用"创新"二字：人才培养模式的创新，教学内容、课程体系的创新，技术、工艺、产品原理、材料配件的创新，还有工作过程和管理的创新。但对于一个具体的产学研合作体，根据产学研合作各方的特长与短项，特别要联系市场需求、人才潜能、资源条件，经充分论证，规划有限目标，逐年分解并努力地去实现目标，使之既能实现创新、贡献社会，又能改造自我、提升水平。从高校的角度推进产学研合作，争取技术、工艺、材料、产品的创新及经济效益目标是重要的，但借此提升自己的人才培养能力和师资队伍水平，能服务好经济社会的协调和持续的发展，应该是最根本的。

10多年来，我和我的同事们及企业界、科技界的一些志同道合的朋友，围绕这些问题，进行了坚持不懈的探索，也实际培育起了一些产学研合作模式和产学研合作实体，在这些模式和实体下，出了一些成果，特别令我们欣喜的，是培养出了一批批能被社会认可和接受的学生。

我们的探索，也得到了各级政府和社会各界的支持与帮助。重庆市教委于2007年，重庆市科委于2010年，分别以教改重大项目"西部地区地方院校开放式办学的探索与实践"和软科学项目"重庆产、学、研合作内涵、管理体制和运行机制研究"的课题，支持我们对产学研合作的体制机制和一些基本概念、基础关系及所需环境进行研究。市教委、市招办、市财政等部门还在行政政策、招生分配、财政政策等若干基本面给予了我们较为宽松的先行先试空间，使我们能推进产学研合作在各种模式、各个环节领域的试点工作。

《国家中长期教育改革和发展规划纲要（2010—2020）》（简称《纲要》）明确提出"建立健全政府主导、行业指导、企业参与的办学机制，制定促进校企合作办学法规，推进校企合作制度化"、"创立高校与科研院所、行业、企业合作办学的新机制"、"促进高校与行业、企业科技教育资源共享，推动高校创新组织模式培育跨学科、跨领域的科研与教学相结合的团队"、"加强学校之间、校企之间、学校与科研院所之间合作以及中外合作办学生等多种联合培养方式，形成体系开放、机制灵活、渠道互通、选择多样的人才培养体制"。《纲要》的这些要求，契合了我们长期追求的理念，支持了我们对产学研合作的改革尝试。于是，重庆市教委支持我校以重庆市人民政府名义申报国家教育体制改革项目"创新高校与行业企业产学研合作模式"，该项目于2010年10月成功获批，并持续进行了试点研究。

本书记录了我们10年来对上述研究的一些体会，提出了一些比较具体的想法和建议。我们也借此机会，简单介绍了重庆工商大学持续推进产学研合作的一些具体做法，同时把兄弟院校的一些探索也收录在里面。希望通过这本书，唤起人们，尤其是西部高校的同仁和各级政府主管部门对产学研合作的关注。

王崇举
2012年10月

目 录

前言

第一章 产学研合作概述 …………………………………………… 1
    第一节 产学研合作的概念与内涵 …………………………… 2
    第二节 产学研合作的模式 …………………………………… 5
    第三节 产学研合作对促进中国经济社会发展的特殊
             意义 ………………………………………………… 9

第二章 国内外高校产学研合作的探索 ……………………………… 13
    第一节 国外高校产学研合作探索 …………………………… 14
    第二节 国内高校产学研合作探索 …………………………… 37

第三章 国内外产学研合作的研究论述 ……………………………… 47
    第一节 国内外有关产学研合作必要性的研究述评 …… 48
    第二节 国内外有关产学研合作模式的研究述评 ……… 50
    第三节 国内外有关产学研合作动力的研究述评 ……… 52
    第四节 国内外有关产学研合作障碍的研究述评 ……… 53

第四章 产学研合作的体制机制研究 ………………………………… 57
    第一节 产学研合作体制机制的内涵及其构成 ………… 58
    第二节 国内外产学研合作管理体制机制借鉴 ………… 63
    第三节 产学研合作主体的相互关系与合作体制机制 … 69

第四节　构建高效产学研合作体制机制的基本思路 …… 73

第五章　产学研合作在西部经济社会发展中的重要性和紧迫性 …… 77

　　第一节　产学研合作是建设创新型国家的迫切需要 …… 78
　　第二节　产学研合作是提升西部地区核心竞争力和经济
　　　　　　社会发展水平的必由之路 ……………………… 83

第六章　中国高校产学研合作的困难和障碍分析 ……………… 87

　　第一节　产学研合作各方的理念认识滞后与社会环境
　　　　　　制约 ……………………………………………… 88
　　第二节　企业在产学研合作中的困难与障碍 …………… 90
　　第三节　高校在产学研合作中的困难与障碍 …………… 93
　　第四节　政府在产学研合作中的困难与障碍 …………… 95
　　第五节　产学研合作的体制机制不健全 ………………… 96
　　第六节　中国西部高校产学研合作问题特别突出 …… 100

第七章　中国西部高校产学研合作的政策设计 ……………… 103

　　第一节　中国西部高校产学研合作的引导政策设计 … 104
　　第二节　中国西部高校产学研合作的激励政策设计 … 108
　　第三节　中国西部高校产学研合作的扶持政策设计 … 112

第八章　重庆工商大学产学研合作培养经管类人才的探索与实践 … 117

　　第一节　重庆工商大学产学研合作培养经管类人才的
　　　　　　背景 ……………………………………………… 118
　　第二节　重庆工商大学产学研合作培养经管类人才的
　　　　　　探索与实践 …………………………………… 121

第三节　特色与亮点 …………………………………… 127
　　　第四节　产学研合作培养经管类人才的成效 ………… 128

第九章　重庆工商大学艺术类专业产学研合作办学的探索与实践 … 131

　　　第一节　重庆工商大学艺术类专业产学研合作办学的
　　　　　　　背景 …………………………………………… 132
　　　第二节　建筑装饰艺术学院、影视动画学院的办学思
　　　　　　　路和体制构建 ………………………………… 136
　　　第三节　建筑装饰艺术学院、影视动画学院的实际运
　　　　　　　行和发展 ……………………………………… 139
　　　第四节　建筑装饰艺术学院、影视动画学院校企合作
　　　　　　　办学的特色与亮点 …………………………… 142

第十章　重庆工商大学文化传媒类专业产学研合作办学的探索与实践 … 147

　　　第一节　重庆工商大学文化传媒类专业产学研合作
　　　　　　　办学背景 ……………………………………… 148
　　　第二节　重庆工商大学长江传媒学院建设思路与体制
　　　　　　　构建 …………………………………………… 151
　　　第三节　重庆工商大学长江传媒学院的运行实践 …… 154
　　　第四节　校企合作办学的特色与亮点 ………………… 157
　　　第五节　长江传媒学院的办学成效 …………………… 160

第十一章　重庆工商大学产学研合作科技创新的探索与实践 … 167

　　　第一节　背景介绍 ……………………………………… 168
　　　第二节　总体思路与制度创新探索 …………………… 169
　　　第三节　重庆工商大学产学研合作科技创新的运行实践 … 171

第四节　重庆工商大学产学研合作科技创新的成效 ⋯ 176

第十二章　重庆其他高校产学研合作的探索与实践 ⋯⋯⋯⋯⋯⋯ 179

第一节　重庆其他高校产学研合作情况概述 ⋯⋯⋯⋯ 180
第二节　重庆邮电大学产学研合作概况 ⋯⋯⋯⋯⋯⋯ 183
第三节　重庆交通大学产学研合作概况 ⋯⋯⋯⋯⋯⋯ 187
第四节　重庆理工大学产学研合作概况 ⋯⋯⋯⋯⋯⋯ 189
第五节　重庆文理学院产学研合作概况 ⋯⋯⋯⋯⋯⋯ 192

参考文献 ⋯⋯⋯⋯⋯⋯⋯⋯⋯⋯⋯⋯⋯⋯⋯⋯⋯⋯⋯⋯⋯⋯⋯⋯ 195

后记 ⋯⋯⋯⋯⋯⋯⋯⋯⋯⋯⋯⋯⋯⋯⋯⋯⋯⋯⋯⋯⋯⋯⋯⋯⋯⋯ 199

第一章 产学研合作概述

第一节 产学研合作的概念与内涵

产学研合作作为一个概念在最近20年才逐渐引起人们的重视。产学研合作在不同的发展时期，其概念和内涵有所不同。在我国的产学研合作实践中，单就概念来说，我们常常见到各种各样的不同说法，如"政产学研合作"、"官产学研合作"、"政产学研金合作"、"政产学研金介合作"、"产学研联合"、"产学研结合"、"产学研用结合"等。所以，明确产学研合作的基本概念和内涵有助于我们更好地理解产学研合作和搭建产学研合作平台。

一、产学研合作的概念

产学研合作的概念从字面上分析可理解为："产"指产业实体，如企业；"学"指高等院校；"研"指科研机构、院所；"合作"指不同的主体间为达到共同目的、实现共同的利益，彼此相互配合的一种联合行动。目前，学者普遍认为产学研合作即是上面讲到的三个主体间的合作。在这个基础上，学者们有自己理解上的侧重点。

李方葛和邵森万（1995）提出，产学研合作可以从不同的层面和角度来理解。从政府层面主要强调生产单位（如工业企业、产业界）、高校和研究院所（如中国科学院）等合作解决国家经济社会发展等大问题。从高校利益的角度也可以指高校利用企业和社会资源为自己的教学科研服务。从高校功能的角度来看，产学研又可以指产业开发、教学和科学研究相结合。从高校教学的角度来看，产学研是基于教学的目的进行的与工作相结合的教学和学习。从企业发展的角度来看，产学研是指企业利用高校和科研机构的技术研发为提升企业竞争力提供技术支持。

赵兰香（1996）认为，产的内涵应该是先进的项目管理理念与技术，以及与市场对接的技术和产品性能指标的导向；学的内涵是前沿或前瞻的理论与技术探索，以及基于科学理论的技术方案论证和发展趋势预测；研的内涵应该是从理论到技术和产品的各个环节的研究论证和开发工作，实际上就是我们通常所说的中试阶段。

周国红和陆立军（2005）探讨了产学研合作的实质，认为产学研合作是科研、教育、生产不同社会分工在功能与资源优势上的协同与集成化，是技术创新上游、中游、下游的对接与耦合，它符合社会生产力发展和技术创新规律，具有很强的技术创新机制，是优化企业科研行为的有效实现形式和途径。

左铁镛（2007）认为，产学研在国际上通行的含义是官产学：高校和科研机构是一方，而不是通常认为的两方，产业界是一方，另一方应该是政府。有人认为真正的产学研合作应是"官产学、教科经、产学研"的结合。

我们认为，产学研合作是以市场为导向，产学研各主体间多种形式的协作联合，使高校、科研院所的知识理念创新、技术工艺创新、人才培养模式创新以企业产品的形式通过市场得以转化，或者通过合作培养的人才及其使用实现社会财富不断积累增加和经济社会发展和谐优质的目的。我国一直致力于建立以企业为主体、市场为导向的产学研合作创新体系，但是目前我国的产学研合作仍处于发展和探索阶段。因此，政府对产学研合作的引导和激励作用也是不可忽视的，必须由其对进一步诱发、培育、提升产学研合作的创新能力提供必要的政策支持。

二、产学研合作的内涵

在产学研合作的要素中，产是产学研合作中的主体。因为企业是最重要的市场主体，国家经济发展和创新能力都主要靠企业自主创新能力的提高来体现。同时，企业最了解社会对科技和人才的需求，在产学研合作过程中，它是对产学合作最基本内容"科技和人才"的需求的提出者，没有企业的需求，也就没有了产学研合作。从学校和科研部门的角度看，教学培养的人才和科研成果价值最终需要在企业得以实现，企业是教学与科研的出发点与归宿。企业获得人才与成果后，利用自己的设备、资金、管理优势，进行产业化，将部分收益返给科研，并向科研提供开发新产品的前期经费，不断为科研的深入提供经费保障。同时，企业为教学提供了人才培养实验、实习基地和人才需求信息，降低人才培养成本，提高学校人才培养的质量，实现学校人才培养目标的准确定位。企业作为产学研合作中实际需求的提出者、合作重要资源的提供者、产学研合作中实施成效评价和成果使用的主导者，其在产学研合作各方中处于主体地位，其他则围绕企业的导向从事研发和人才培养活动。实践也表明，只有以企业为主体，才能保证技术创新的市场导向，才能有效整合产学研各方面的力量，实现合作各主体的共赢。只有真正实现各种创新要素向企业集聚，才能使产学研合作取得实实在在的最大成效。另一方面，要真正实现产学研合作中企业的主体地位，企业的选择不是任意的，企业应在本行业中占据重要地位，具有产品和技术的先进性，同时有进行技术创新的强烈需求和愿望，这是企业发挥主体地位的前提条件。

在"产学研合作"的参与体中，学（高等院校）和研（科研院所）在产学研合作中担负着培养和提供高素质人才及科研成果的使命。同时，它们在产学研结合中发挥着核心作用，这种核心作用在当今知识经济时代更得到了集中体现。高校和科研院所的优势在于具有较全的学科门类和优秀的科研人才和完善的设施条件。高校和科研院所不仅要培养大量符合社会所需的高素质人才，不断推出世界前沿性的高水平科研成果，还需要不断研制开发科技含量高、竞争力强、适合市场需要的新产品、新工艺、新技术。同时，产学研结合也会给高校和科研院所带来勃勃生机。通过产学研合作，促使它们在人才培养和科学研究时更加面向社会、融合社会，了解、研究和不断适应市场需求，并以此培养社会所需的人才，找到社会急需的科研题材，源源不断地向社会提供所需新产品、新工艺、新技术等各方面的科研创新成果。因此，产学研的结合既为高校和科研院所的发展、学科建设、科研方向奠定了坚实的基础，也为它们带来了一定的经济效益，促使它们更好地完成使命。另一方面，产学研合作中的高校和科研院所应具备企业所需技术的前沿科研能力和研发条件，同时，其中的领导者和人才团队应具有优秀的科研素养和创新精神，只有这样，双方才能实现共赢。

在"政产学研合作"的各要素中，"政"是政府，它在整个产学研活动的过程中是引导者、监督者。目前，很多地方的产学研合作各方都是自发建立起三者间的联系，角色定位不是十分明确，难发挥各自的优势，缺乏政府的引导、扶持和激励，也缺乏长远的战略思考，急功近利的行为比较多。针对这一问题，政府应出台相应的政策明确角色定位，要坚持以企业为主体和以高校、科研院所为技术依托，以三者各取所长、团结协作、各补其短的合作原则，由相应层级政府在一定时期内确定目标、制定政策、搭建平台、提供资金支持并组织实施产学研合作，引导产学研各方对自己的优势和在产学研结合中的角色定位有较准确的认识，激发产学研合作各要素的活力和动力。到目前为止，我国的产学研合作中政府的角色仍停留在一般号召而并未起到主导作用，即微观指导和政策引导缺失，更未发挥好利益整合、服务保障和财政支持的作用。因此，在一定时期，在产学研合作中，"官"不但不可少，还应摆在更重要的位置。随着我国市场经济的不断发展和完善，政府在产学研中的重要地位和作用将会逐步下降，最终会回归到引导者和监督者这一基本角色上来。

第二节 产学研合作的模式

我们认为，产学研合作模式是指在一定的制度环境下，产学研合作主体为了实现各自的组织目标，对科学技术、资金、设备、人才等社会资源的优化配置及产出的合理分配。产学研在发展过程中，不断出现新的模式，根据对国内外产学研合作和我国西部地区，特别是重庆，产学研合作的调研和分析，将现有产学研合作模式按照各主体合作目标的不同，归纳总结为三大模式。

一、以培养行业急需人才为目标的产学研合作人才培养模式

以培养行业急需人才为目标的产学研合作人才培养模式是以联合培养面向生产和技术开发的应用型高素质人才，提高学生的实践能力和创新能力为主要任务而进行的合作。传统合作模式有以下几种：一是在项目基础上开展合作，共同培养学生科研意识和组织能力；二是在校内外建立稳定的教学实训基地，包括在校内建立工程训练中心和建立相对稳定的校外教学实习基地，高校和企业共同对学生实习、实践负责；三是定向招生和联合培养的合作模式；四是产学联合办学，包括联办学院、系或专业，或者高校进入企业集团；五是校企人员双向流动和互相兼职，如高校聘请企业高级工程技术人员和管理人员担任高校兼职教授，承担一定教学任务，高校青年教师也可去企业挂职接受工程实践训练。

重庆高校与行业企业在国家允许的合作办学制度下，发挥校企各自的优势，营造理论联系实际助推教改的环境，探索建立了以培养行业急需人才为目标的校企合作模式，主要有五种合作方式。

（一）产学研合作主体以各自的优势资源（股份）合作共建的办学实体

例如，重庆大学与重庆南华中天科技集团合作创办的重庆中天IT学院；重庆邮电大学和台湾茂德合作创办的重庆国际半导体学院，与中国惠普公司共建的重庆邮电大学惠普软件学院；重庆工商大学与重庆广电集团、重庆港鑫装饰公司、美国云泰集团等合作创办的重庆工商大学长江传媒学院、建筑装饰艺术学院、影视动画学院等。

（二）政产学研用参与的、各司其职的理事会制学院

例如，重庆理工大学联合国内外有关高等院校、大型企业和科研机构联合创办的重庆汽车学院；重庆工商大学与重庆市金融办、银监会、证监会、保监会和各大银行、证券公司、保险公司及联合产权交易所等机构联合创办的重庆金融学院；重庆师范大学与重庆市残联及相关企业联合创办的重庆特殊教育学院。

（三）境内外教育机构合作培养国际化人才的机构或学院

例如，各高校与境外大学合作共建相关专业，双方共同设计培养方案、互派师资、互换学生、互认学分，探索联合培养国际化人才的模式，如重庆工商大学国际商学院与法国图卢兹大学、里昂国立第二大学、艾克斯-马赛第二大学、布尔戈尼大学、加拿大西安大略大学、英国林肯大学等合作共建的国际经济与贸易、工商管理等专业。

（四）与行业企业合作举办特色项目班

例如，重庆大学与重庆长安公司在机械、材料、电气等工程领域合作培养工程硕士；重庆工商大学与重庆苏宁电器、小天鹅集团、太极集团、重庆旅游控股集团有限公司等10余家知名企业合作开展订单式人才培养、实习实训、技能培训等合作项目；重庆理工大学与重庆长安集团联合对部分在校生实行"3+1"培养，与隆鑫集团在重庆汽车学院四年级学生中设立"隆鑫班"等。

（五）与行业企业共建实验室和实训实习基地

例如，重庆工商大学与近150家上市公司及行业企业签订产学研合作协议，在校内外建立起上百个、成系列的实验室和实训实习基地，在真实环境中培养学生的实践能力。

二、以实现科技创新和产品开发为目标的产学研合作模式

以实现科技创新和产品开发为目标的产学研合作模式是以科学研究和技术开发为"接口"，以促进科技与经济有效结合、提高企业技术创新能力，推进

科技成果转化和联合开发生产高技术含量、高附加价值的科技产品和谋求经济效益最大化为目标而进行的合作。具体合作模式有以下几种：一是高校向企业转让科技成果或为企业提供技术咨询、管理咨询和信息服务；二是产学联合承担重大科研课题或大型工程项目，联合开发新技术、新产品或高校接受企业委托研究项目；三是共建研究开发实体，包括联建实验室、研究所、技术开发中心、工程研究中心、产学研合作示范中心、中试基地等；四是中外合作经营、技术入股（高校、科研院所参股或控股）、"两头在内、中间在外"、兼并或租赁亏损企业、全面技术承包、校办科技企业等。目前我国的一些大型、特大型企业，如宝钢、首钢、一汽等都与高校建立了研发机构，一般由企业出资金、出设备，高校出人才、出技术，开展合作研究与合作开发。另外，校办科技企业是这种合作模式的一种特殊形式，也是一种校内产学合作模式。

重庆目前在这方面的产学研合作主要有研究开发型、生产经营型和咨询服务型三种合作模式。

（一）研究开发型合作模式

例如，由重庆市科委引导，重庆太极集团和第三军医大学牵头，联合50多家高校、科研院所和企业成立的重庆市新药创制产业技术创新战略联盟，合作承担了国家科技重大专项项目"重庆创新药物孵化基地"；重庆大学、重庆工商大学和重庆机床（集团）有限责任公司联合承担了首批"高档数控机床与重大装备国家科技重大专项课题"；经国家发展改革委员会批准，重庆邮电大学与解放军重庆通信学院和6905厂联合建立了全国唯一的3G军民两用终端设备动员中心，并被正式列入国民经济战备动员计划；重庆邮电大学还与中国科学院沈阳自动化所等联合建立了中科院—重庆工业通信技术成果转化中心，在现场总线技术、工业以太网、工业无线通信等领域开展合作研究与成果转化工作；重庆交通大学与重庆市外经委合作建设重庆市汽车与零部件进出口人才培训中心，与重庆交建集团共建山区桥梁与隧道国家重点实验室培育基地，与新国线运输集团合作成立新国线重庆交通大学综合交通运输科学研究院，与中国科学院重庆绿色智能技术研究院合作共建产学研合作基地、研究生教育创新基地；重庆理工大学分别与重庆大江公司、望江公司、长风公司、长安公司、建设集团、嘉陵集团等兵工企业建立了产学研战略联盟，与中国兵器装备科学研究院共建机械装备测试技术工程研究中心，与重庆嘉斯特质量检测有限公司共建教育部工程中心和教育部省部共建重点实验室——汽车零部件实验室。

(二) 生产经营型合作模式

例如，重庆医科大学大胆引入市场机制，与重庆医科大学附属第二医院、重庆科技风险投资有限公司合作成立了重庆海扶技术有限公司，联合对重庆医科大学自主研发的"高强度聚焦超声肿瘤治疗系统"（简称"海扶刀"）进行产业转化；重庆大学利用自身在镁合金领域的优势，与重庆力帆摩托车公司等多家行业企业联合转化镁合金技术研发成果；重庆工商大学联合重庆英卡电子有限公司转化"智慧森林"防火监控系统，获得重庆市高校成果转化项目资金资助；重庆理工大学成立的重庆中孚科技有限公司作为企业化运作平台，按照市场机制，在公司设立单独的账户，赋予项目负责人充分的经营自主权，实行模拟企业生产经营的产学研合作模式。

(三) 咨询服务型合作模式

该模式以地方政府、园区、企业和高校、科研院所为合作主体，高校及科研院所根据地方政府、园区、企业等主体的发展需求，提供智力支持和决策咨询服务，以期推动地方社会经济的全面发展。具体合作方式有以下几种：一是高校向企业转让科技成果或为企业提供技术咨询、管理咨询和信息服务；二是地方政府、园区等提出战略发展规划的需求，高校或科研院所接受委托研究项目。例如，重庆工商大学长江上游经济研究中心接受重庆市发改委的重大委托项目"重庆市产业园区产业结构调整与布局优化研究"及贵州省"贞丰县经济发展和产业开发战略规划"；重庆邮电大学配合重庆市引进工信部电信研究院在茶园工业园区设立西部分院和通信产品检测中心；重庆交通大学承接外经贸委委托的"云阳县旅游与农业产业发展指南调研"项目和"重庆市国家汽车进出口基地建设规划"项目；重庆理工大学与中国社会科学院共建西部国情研究中心等。

三、以人才培养、科技创新、成果转化、生产经营紧密结合为特征的立体综合型合作模式

该模式是一种集人才培养、科技创新、成果转化、生产经营等于一体的全方位、立体综合型合作模式。其包括：地方政府联合高校和科研院所与企业进

行全方位合作，在促进科技成果转化的同时，培育一批高科技企业；设立大学科技园，通过多层次、多形式、多渠道的官产学研合作，实现以大学为核心的高新技术研究开发、高技术企业孵化、创新创业人才培育和信息集散的中心，实现教育、科研与高科技产业化的良性循环；共建松散或紧密型的人才培养、科研、生产联合体。

重庆的产学研合作在这方面主要体现在以下高校的产学研合作模式：重庆大学、重庆邮电大学分别成立了校董会，联合行业主管部门、企业等开展全方位的立体综合产学研合作；重庆工商大学与美国云泰集团联合举办的影视动画学院是集影视动画人才培养、文化产品创作与生产于一体的产学研合作学院；重庆文理学院成立的园林花卉工程中心在特色植物种苗行业产业科学研究、成果转化及人才培养的产学研结合方面形成了一套切实可行、卓有成效的运行机制。

第三节　产学研合作对促进中国经济社会发展的特殊意义

随着科教兴国战略的实施、知识经济时代的到来和高科技及其产业的发展，高校、科研院所在知识生产、知识传播和知识应用中的职能日益加强，逐步从经济社会的边缘走向经济社会的中心。而企业间的竞争实质上是人才和技术的竞争，产学研合作既是高等教育适应国家和区域社会发展需要、主动服务行业企业对人才需求的必然选择，也是提高协同创新能力、促进科技、教育与经济社会发展紧密结合的必由之路。加强高校、科研院所与企业的合作已成为一种世界性的发展潮流。

一、产学研合作有助于推动高校、科研院所转变人才培养及科研创新模式，提高自身科研能力和水平

提升人才培养水平、增强科学研究能力已成为国家全面提高高等教育质量的重要目标。高等教育的首要任务是为建设创新型国家培养综合能力强、适应经济社会发展需要的高素质人才。但近年来，我国高层次人才供求出现的错位和结构性矛盾依然较为突出，源于我国高等教育依然存在以下问题：一是长期以来受传统经院式培养模式的影响，理论与实践脱离，教育与社会分离，科研与生产脱节；二是受长期计划经济体制的影响，高校的人才培养模式同质化倾向比较突出，培养目标、模式和课程体系千校一面，实验、实训、实习教学环

节只局限在与社会要求单向对接、单个环节的训练上;三是强调学术培养,忽视工程实践,把产学研合作的人才培养排斥于高等教育发展的主线之外。教育要面向未来,必须与社会发展相适应,因此,从高校和科研院所的角度,产学研合作是高校和科研院所转变人才培养模式、适应创新型人才培养的需求,为学生的知识、能力、素质的系统化培养构建适合的平台。同时,高校、科研院所通过产学研这一平台创新科研模式,能快速了解相关学科研究最前沿的发展动态及最新成果,集中力量、有的放矢,率先在某个领域赢得突破,为开辟新兴学科、交叉学科提供新机遇,为高校的学科专业建设、激发科研创新活力提供强大动力,通过积极开展技术创新和成果产业化,提升创新能力和服务水平,进而提升自身存在的价值。

二、产学研合作有助于激发企业提高产品、技术、工艺等方面发展潜力,增强企业核心竞争力

当前,经济全球化进程日益加快、市场竞争日趋激烈,衡量企业竞争力的重要指标是创新能力,不断研发新的技术和产品是企业发展的永恒主题。一方面,由于我国企业长期受计划经济体制的影响,技术研发和商品生产分离,企业没有追求创新的传统和意识,缺乏研发团队、激励体制机制和可持续技术研发体系。另一方面,从国际市场看,随着科学技术的飞速发展,新技术、新产品不断涌现,产品的生命周期也在缩短,因此,国家必须积极引导和尽最大可能支持企业创新,强化产学研合作是适应科技与产业融合发展的趋势、增强企业核心竞争力的直接路径。同时,从生产要素分布看,一个企业,无论再大再强,其研发力量总是有限的,而在国内外更大的范围和空间里,合理配置生产要素资源,将是企业立于产业前沿和世界前沿的必然选择。随着高等教育服务经济社会发展的能力不断增强,特别是高校和科研院所聚集了国内外一流的技术和人才,企业与他们有效结合能够大大提高企业的创新能力和水平。纵观国内外一切发展势头好、竞争能力强的企业,都将科技创新和产品研发放在最重要的地位,都在积极与高校、科研院所建立各种不同形式的联系,持之以恒地投入大量的人力物力进行研发活动。例如,据美国联邦中小企业管理局(Small Business Administration,SBA)的资料,在没有高校参与的研究开发活动中,大、中、小企业的支出回报率均为14%,而在有高校参与的研究开发活动中,大企业的回报率为30%,中、小企业则高达44%。因此,企业要在激烈的市场

竞争中求得生存和发展，必须善于"攀高亲"，走产学研一体化的道路。

三、产学研合作有助于推进国家和地区经济社会发展全面转型，促进经济社会又快又好发展

当今社会，产学研结合已经不单单是企业、高校自身的事情和问题，而是成为一个事关国家和地区经济社会发展全局的事情和问题。严峻的国内外宏观经济形势，亟需我国产业提高技术含量和产品的附加值，而产学研结合正是提高产业技术含量和产品附加值的有效途径。因此，推进产学研结合就成了国家各级政府经济工作的头等大事。我国已经进入到工业化中期发展阶段，一方面经济发展对资源的需求、对环境的污染都在不断加大，另一方面资源的供给能力、环境的承载能力都在日趋下降，经济发展与资源环境不相适应的矛盾日益突出和尖锐。尤其是在当前我国经济增长方式粗放、国际市场需求大幅下降、经济增速逐步走低、市场竞争更加激烈的背景下，依靠科学技术转变经济增长方式、提高企业产品的科技含量、增强企业核心竞争力、助推国家和地区经济社会发展全面转型显得更加急迫和重要。

第二章 国内外高校产学研合作的探索

第一节 国外高校产学研合作探索

一、美国

(一) 美国产学合作的历史沿革

产学合作教育作为社会经济、科学技术及高等教育发展到一定阶段的产物，是高等教育适应社会经济发展需要并与社会劳动相结合的表现，最初起源于美国。19世纪欧美大学的高等教育封闭在校园之内、游离于社会以外，它们不关注社会需求，具有很强的独立性，很难满足20世纪经济和科学发展给欧美国家社会生活带来的巨大变化所产生的需求。在这种情况下，欧美的教育思想家们兴起了一次大规模的教育进步运动。

1862年，美国国会通过了《莫里尔法案》。该法案规定，联邦政府为各州提供一定的土地，用土地收益建立一批州立大学，要求这些大学开设有关农业和机械技艺方面的实用性专业。这一法案直接促进了有别于传统大学的、纯粹以"实用性"为目标的"赠地学院"的建立。

美国哲学家和教育学家约翰·杜威在进行现代教育研究时，通过对以赫尔巴特为代表的传统教育理论的尖锐批判和理性思考与探索，构建了自己的实用主义教育体系。杜威的实用主义教育理论着重解决三大重要问题：一是教育与社会的脱离；二是教育与儿童的脱离；三是理论与实践的脱离。为此，杜威提出了"从经验中学"、"边做边学"、"劳教结合"等教育观念。20世纪初，杜威的实用主义教育思想普遍为美国公众所接受，并影响到美国高等教育。实用主义教育对美国高等教育的影响集中表现为四方面：一是教育必须适应现实需要，不仅要与社会生产结合，还必须与社会生活相联系；二是教育应该注重实用知识与技能的传授；三是应使受教育者为将来进入社会做好准备；四是教育应该与受教育者的实际需求结合起来。合作教育便在这种思想理论指导下产生，并经历了20世纪初的初创期，20~70年代的发展期，80年代的萎缩期及20世纪末的二次创新发展期。

1. 高等学校产学合作教育的产生

美国辛辛那提大学的赫尔曼·施奈德最早提出"产学合作教育"这一概

念。1906年，深受杜威实用主义教育理论和思想影响的施奈德开展了一个教育改革，即推动辛辛那提大学与当地企业合作、用"工学交替"模式来培养人才。施奈德从杜威"边做边学"与"劳教结合"等思想中受到启发，在技术系一年级27名学生中进行实验，将每学年分为"理论学期"和"工作学期"两个学期。"理论学期"期间，学生在校园内修读理论课程。"工作学期"期间，学生则到相关工厂工作，从劳动中获得有关的知识和技能，同时赚取一定报酬补贴学习所需。为使工厂工作不中断，施奈德将参与试验的学生分成两组，一组在学校学习，一组到工厂工作，每学期轮换一次。这是产学合作教育的经典模式。后来，随着产学合作教育规模的扩大，许多大学将一学年分成三个学期，形成理论教学和企业工作交叉的"三明治式"产学合作教育模式。

事实上，早在施奈德1906年实施第一个合作教育计划之前，美国已有为数不少的高校进行了一些将理论与实践、学习与工作相结合的教育探索，典型代表包括杜威本人所在的芝加哥大学及其芝加哥大学实验学院。可以说，20世纪初是美国产学合作教育的初创期。

2. 20世纪前半叶——美国产学合作教育的发展期

在产学合作教育提出后的近50年里，美国高校产学合作教育得到稳步但又相对缓慢的发展。到20世纪四五十年代，美国只有55所大学开展产学合作教育，主要是在工程技术领域且规模较小。在推广产学合作教育方面，除了学校产学合作教育的倡导者外，企业界也有合作教育的推动者，而且许多公司也积极主动地参与其中。例如，美国通用电器公司就专门指定了产学合作教育项目的负责人和联系人，对这一时期的产学合作教育发展起到了至关重要的推动作用。

第二次世界大战结束后，美国政府为安置大量转业军人，于1944年正式推出《退伍军人就业法》。这一法案保护了大批退伍军人参加职业培训和正常就业的权利，在很大程度上刺激了职业技术学院和社区学院的发展，而职业技术学院和社区学院的快速发展也进一步推动了美国产学合作教育运动。

实践证明，产学合作教育符合社会的发展要求，是高校、学生、企业三方合作、三方受益的极富成效的教育模式。为此，1957年，爱迪生基金会发起并召开了全美合作教育会议，于1958~1960年开展了对全国合作教育的研究。1962年，美国成立了产学合作教育委员会，次年又成立了产学合作教育协会，1976年设立了产学合作教育基金。20世纪60年代中期以后，联邦教育总署和基金会的财政支持有力地推动了合作教育的发展。随着对合作教育研究的不断深入，产学合作的实施层次也向高中和研究生院两个方向延伸。

3. 20世纪80年代——产学合作教育短暂的萎缩期

20世纪80年代，由于受"回归基础"教育运动的影响，美国产学合作教育出现了几年的短暂萎缩。期间，无论开展产学合作教育的高校数量、企业数量、学生人数，还是产学合作的项目均有所减少，产学合作教育停滞不前。究其原因，最主要的是合作教育本身的问题。例如，合作教育的证书制度。不少高校没有将合作教育列入课程教学计划，不少人认为合作教育只适合工科、不适合人文学科，许多人对合作教育的学术水平持怀疑态度……这些问题导致校企双方合作遇到困难，也使高校寻找合作伙伴面临诸多问题。

4. 20世纪90年代后——产学合作教育的快速发展期

20世纪90年代以后，面对合作教育中出现的困难、问题和挑战，美国教育界通过多种途径，采取各种对策，努力推动合作教育的进一步发展。第一，联邦政府及州政府高度重视和支持合作教育，通过拨款、立法、人员配备等加大政府对合作教育的影响。第二，学校努力实施教学改革，改变"以专业为中心"的传统教学方式，加强与企业特别是中小企业的密切关系，结合企业需求调整专业设置，使人才培养更贴近企业需要，更适应高科技发展需求。合作双方还共同研究和制定合作项目，根据合作需求并结合各自的实际选择，开设合作教育专业。第三，合作双方共同制定严密的培训计划，含培训时间、地点、人员、内容及各项考核指标，并在每个实践环节结束时加以考核，检查是否达到预期效果。高校还把合作教育项目列入学校教学大纲和招生计划并公布于众，让学生选择。这一时期，美国高等院校合作项目几乎涵盖了所有的学科领域，如自然科学、社会科学、各类应用科学技术和工程学科、计算机科学、商学及医疗卫生领域。

这一阶段在合作教育实施的形式和内容方面也有许多创新和变革，推出了许多弥补原有模式不足的新模式，如学徒制合作训练（ACE）、底特律契约、波士顿契约、着眼未来的工作教育（JFF）等。其中，宾夕法尼亚州等地区实施学徒制合作训练模式，该模式把学徒制训练与合作教育结合起来，克服原有合作教育中资金投入、人员配备、资格证书授予等薄弱环节，加强了管理与监控，增加了资金投入，配备了专职人员，接受合作教育并考核合格的学生可获得能在较大范围内被认可的技能等级证书；底特律契约模式为密歇根州实施的新模式，在这种模式下，参与主体除学校、企业和学生外，还包括社区团体、劳工组织、银行、电视台等，学生一旦签约，就能获得暑期工作、实习训练岗位、未来就业、大学奖学金等。1993 年，仅 IBM 就为该模式提供了总计 50 万美元的资助。参与契约的毕业生深受企业和社会的欢迎。

第二次世界大战在美国产学研合作教育的发展过程中功不可没。第二次世界大战以后，美国政府及相当部分的大学和企业更为关注科研成果的转化。美国政府也试图将"政府资助军事科研"这一成功模式移植到民用科研领域，创立国家科技创新体系。1950 年，美国国会通过了设立"国家科学基金"的法案，极大地推动了美国政府与大学之间的科技攻关与技术应用合作。

近百年的实践证明，合作教育具有强大的生命力。百年来，美国开办不同层次、不同类型、不同形式合作教育的高校达 1100 余所；参与全美合作教育的企事业单位达 5 万多家；产学合作教育注册学生达 25 万人；接受产学合作教育的企业约 9700 个，其中《福布斯》评选的全球 500 家大企业的前 100 家中有近 85% 的企业参与了产学合作教育。调查数据显示，97% 经历合作教育的毕业生认为，结合工作实际的教育是他们事业成功的基础；80% 经历合作教育的毕业生的就业单位是他们曾实习过的单位；63% 经历合作教育的毕业生认为他们的就业机会确实比其他毕业生多，而且其选择和从事的职业与合作教育项目相关；40% 经历合作教育的毕业生承认不管工作如何变动，其职业选择总是与在校期间的工作经历密切相关；50% 经历合作教育的毕业生从事了令人羡慕的专业性或技术性的工作；还有 15% 经历合作教育的毕业生考取研究生继续深造（刁叔钧，2004）。

（二）美国产学研合作教育的形式

目前，美国合作教育已发展出了多种类型和层次，其产学研合作教育在形式上可分为以下五种。

第一种形式是"并行式"产学研合作教育。这一形式指的是全日制在校生在课堂学习理论知识的同时也去企业实习。20 世纪七八十年代，美国两年制大学多数都采用这种教育形式。"并行式"产学研合作教育可以使学生将在课堂上学习到的理论知识在第一时间就应用于实践，学生一周大概工作 20~25 个小时。这种教育形式的优点在于学生的学业不会因大量且长时间的工作而耽误，在学习知识的同时可以实践自己所学，并可以取得一定的报酬来减少学习和生活压力。然而，这种教育形式也存在一些问题，主要表现在：其一，学习和工作时间太固定，导致实习地点不能远离学校，否则会因为交通的不便减少学生的实习时间，造成不必要的时间浪费；其二，学校虽会根据企业对实习时间的安排来调整学生工作岗位，但是寻找可以提供学生岗位的企业却较为困难。尤其是在四年制大学里，学校需尽量多地在上午排出供学生学习的教室，这样学生才能在下午有时间去工作。在安排教室的困难中，更为困难的是实验课的编排，有的实验需要在下午进行，这就需要学校和企业共同协商，若协商不成，则合作就存在困难。

第二种形式是"交替式"产学研合作教育。该模式指的是全日制在校学生每学年分为学习学期和工作学期两个学期，并在每个学期结束之后进行交替，而且其在工作学期的工作都是经学校同意并认可的，各个学期时间的长短也完全由学校决定。美国大多数四年制大学均采用"交替式"产学研合作教育。在四年制大学中采取的合作教育规定学校必须有三个学期或者是两年的时间都安排学生在和自己专业相关的岗位实习。实习的时间并非随意选择，而是由学校根据学生的学业完成情况及学生在校表现和条件是否已经成熟来决定，并作出合理安排。大多数专业的合作教育年制是四年，但是自然科学、工程技术和商业管理等专业则是五年，这些专业的学生一年之中大约有一半的时间都是在实习中度过。开展合作教育的大学大部分都将学生的实习算入学分中，学分也是学生缴纳学费时的依据。也有一些学校是不将实习计入学分的，学生在实习期间就不需要交纳学费。但学费并不会成为大部分学生的困扰，因为他们在实习期间可以领取一定的薪酬。这种合作教育将学生的实习时间集中起来，可以使他们的实践经验更具系统性和连续性。在长时间、连续的工作中，学生也会与雇主建立起信任感，可以得到企业里比较重要的职位，对锻炼学生的能力很有益处。但是这种连续性的工作实习会导致理论知识学习的间隔，学生在实习学期过去之后很难立即投入到理论知识的学习中去，以致考试成绩下滑、不能正常毕业。

第三种形式是"双重制"产学研合作教育。这种形式将"并行式"产学研合作教育与"交替式"产学研合作教育同时使用。20世纪七八十年代美国两年制的大学多采用"并行式"合作教育形式，四年制大学多采用"交替式"产学研合作教育形式。但是在20世纪80年代以后，两种类型的高校都采用了"双重制"产学研合作教育。采用"双重制"产学研合作教育是为了给学生提供更多的选择机会，使越来越多的学生参加产学研合作教育。

第四种形式是美国海军军官学校训学研合作教育。美国海军军官学校又称"安纳波利斯军校",是美国海军唯一一所正规军官学校,当时被称为海军学校。该校学制为5年,其中3年为海上训练,1850年改称为海军军官学校后,学制改为4年,主要是为舰艇及海军航空兵和海军陆战队培养各种专业的初级军官。1932年美国国会通过立法,授权该校可授予毕业学员学士学位。1975年10月,国会又授权该校可招收女学员。美国海军军官学校训学研合作教育将一个学年分为三个学期:第一个学期是从每年6月到8月,其中包含暑假;第二个学期是从9月到圣诞节;第三个学期是从第二年的1月到5月。每学年第一学期是训练学期,时间大概8周。这期间学生主要在学校的合作单位——海军基地或学校训练场上进行军事职业训练和体能锻炼,第二、第三学期则是在学校里学习理论知识和做实验。每个学年的第一学期分别被称为"新生之夏""二年级之夏""三年级之夏"和"四年级之夏"。"新生之夏"是普通公民向军校学生转变的一个起点,这一学期会持续7周。这段时间里学生将学会怎样合理支配自己的学习和生活时间;怎样控制自己的情绪,怎样约束自己;怎样应对突发事件并在重压之下保持冷静,迅速做出反应,化解危机。除了这些精神上的训练,他们还会获得一些实际能力的锻炼,如帆船的驾驶、轻武器的射击、简单的攻击和防御能力等。"二年级之夏"期间,学生将会乘坐巡逻艇在海上进行3周的训练,其余的3周将会进行海军战术和帆船航行的训练。"三年级之夏"时学生的训练任务加重,他们不仅要跟陆战队一起进入在弗吉尼亚的假想敌人的阵地里进行攻击,还要参加巡航演习。这些任务虽然繁重,却可以使学生亲身感受到军人的魅力和艰辛。最后的"四年级之夏",学生可以真正将学校学习的理论知识和观察到的实战知识应用于实践。在此期间,学生将被分配到队伍里担当一名初级军官。兵种可以让学生依据自己的兴趣进行选择。美国军校这种一学年三个学期的训学研合作教育,一方面可以将军事理论和实战经验进行多次交替循环,这有利于学生得到知识和实践能力的全面发展,另一方面明确了学校、部队、学生三方的位置,调动了三方的积极性。其中,学校起主导作用,学生是主要推动力,部队则是保障。

第五种形式是新出现的产学研合作教育,包括学徒制合作训练和底特律契约模式等。学徒制合作训练模式把学徒制训练和合作教育结合起来,以克服原先合作教育在资金投入、人员配置,尤其是资格证书的授予等方面的薄弱环节。在宾夕法尼亚州、内布拉斯加州、阿肯色州等地,州一级的教育部门通过实施学徒制合作训练,加强了对产学研合作教育项目实施过程中的管理与监督,增加了资金投入,并配备了为产学研合作教育服务的专职人员,参加项目的学生也能在考核合格后获得一张能在较大范围内被认可的技能等级证书。例如,内布拉斯加州由于实施了学徒制合作训练,得到了联邦政府 20 万美元的资助;该州在学生达到计划规定的各项考核标准后即授予州一级的技能等级证的模式也获得了成功,此模式深受企业、学校及学生的欢迎,吸引了一大批企业的参与。底特律契约的参与者除了企业、学校、学生,还有社区团体、劳工组织、州及市的各级行政主管部门、密歇根州的 18 所大学、银行、电视台等。学生一旦签约,就能获得暑期工作、实习训练岗位、未来就业、大学奖学金等。现在已有 14 所私立大学承诺为"契约"学生提供上百万美元奖学金,以鼓励他们进一步深造。"底特律契约"准备在未来 10 年间筹集 1000 万美元的资金。为保证质量,"底特律契约"对学生的教学、实习等每个环节都制定了具体、完整的实施细则。例如,对上课迟到、早退,平时考核成绩、学科分数都作了明确的规定,只有达到各项考核标准,学生才能获得就业机会或大学奖学金。这些规范加强了对学生的严格管理,提高了教学与实习质量,毕业的"契约"学生深受企业和大学欢迎,"底特律契约"的规模也逐年扩大(霍红豆,2010)。

(三) 美国产学研合作的主要特点

归纳起来,美国的产学研合作具有如下特点。

1. 政府引导

美国政府科技政策的引导和倾斜在促使美国大学的科研面向产业领域的技术创新活动中起着重要的推动作用。美国国会于 1950 年设立了"国家科学基金"的法案。"国家科学基金"早期主要资助基础研究,20 世纪 60 年代后,随着西方国家经济高速发展"黄金时代"的结束,"国家科学基金"开始倾向于资助有一定应用前景的科研项目,并鼓励大学与产业界联合申请基金项目,同时对有企业介入投资开发产品的项目进行重点资助。

2000 年"国家科学基金"在新材料、新兴电子技术和信息系统、新兴制造技术、新兴生命科学应用等四大领域开辟了 3650 亿美元的国内市场、10 000 亿美元的国际市场。为配合这些计划的顺利实施,美国大学积极培养学生的创新意识和创新能力,鼓励学生进行科技创新。例如,它们为学生提供良好的条件,促使大学生参与科研创造活动;建立各种产学研合作教育专项基金,资助学生搞科学研究、发明创造;提供科研项目、科研设备、科研场所,便于学生开展科研活动；在政府的积极资助下，高校建立实验室、科研中心、工业中心，用于学生创新实践。

2. 企业与大学合作创办研究中心

美国企业界，特别是实力雄厚的大企业重视与大学在技术创新方面的合作，这使美国大学的科研工作与企业生产紧密相连。这种"产—学"合作的科研模式，一方面使大学直接接触到生产领域中存在的各类科学技术问题，从而使科研更有针对性；另一方面，大学也可借此机会获得充足的科研经费，加快科研进程。

大学创办研究中心是美国大学发展科学研究和提高学术声誉的主要因素之一。美国四所一流的研究型大学，即加州大学伯克利分校（University of California Berkeley）、哈佛大学（Harvard University）、麻省理工学院（Massachusetts Institute of Technology and University）和斯坦福大学（Stanford University）的"产—学"合作研究中心是较为成功的范例，它们增强了大学对社会需求的适应能力，有利于交叉学科的研究，同时提高了大学的研究活力。

众所周知，美国产学研结合的最好例子就是硅谷。硅谷是美国的高科技产地和知识经济的发源地，也是世界上第一个大学研究园。它坐落在加利福尼亚州旧金山以南到圣何塞的纵深50英里的平坦谷地上，毗邻著名的斯坦福大学。如果说美国的高科技离不开"硅谷"，那么"硅谷"绝对离不开斯坦福大学。硅谷起源于斯坦福大学的一位富有创造精神的教授弗雷德·特曼鼓励他的两个学生修利特及帕卡德创业的点子。后来，弗雷德·特曼教授被誉为"硅谷之父"，而修利特和帕卡德所创建的这家公司就是著名的惠普公司。硅谷渐渐发展为20世纪高科技研究园区的典范，拥有8000多家电子科技公司和软件公司。1965年以来，美国成立的100家最大的高科技公司中，有1/3在硅谷落脚。20世纪40年代末，斯坦福大学提出创立高科技工业园区的构想，并且于1951年创立了斯坦福研究园区。最初的研究园区不过是以出租土地为手段，充分利用学校的资源来达到增加收入的目的。第一批租用园地的公司如瓦立安公司和惠普公司都是从斯坦福大学衍生出来的，公司内的重要部门都有斯坦福大学的教授或学生。随着租用园区的公司慢慢增加，斯坦福研究园的出租收入对校方的财务起到了很大的帮助作用。斯坦福大学可以自由地支配这笔为数不小的收入来完善自身建设和组建非常优秀的教授阵容。学校利用这笔收入设置了"战斗基金"，来吸引和留住那些在某知识领域内具有极为卓越表现的明星教授，从而不断提升斯坦福大学的学术地位。

斯坦福大学研究园区在带动周边地区经济发展的同时也成了创业人才成长的摇篮。斯坦福大学有许多鼓励科研人员创新的政策来保障他们的权利。学校允许教授有一到两年脱离教学岗位而专门从事研究工作,或去硅谷创办自己的公司,或同意他们每周有一天到公司兼职。学校在学生创业方面也给予了一定的优惠政策。这些措施大大提高了科研人员和学生的积极性,在大学内部形成了浓厚的创业风气,推动了科研成果的产业化。硅谷的公司在挑选人才的时候,也往往优先考虑斯坦福大学的师生,由斯坦福大学师生和校友所创办运营的公司的产值已达硅谷总产值的一半以上。

通过硅谷与斯坦福大学的成功经验还可以发现,虽然硅谷在建设过程中始终保持着与斯坦福大学的紧密联系,很多公司的创办者就是斯坦福大学的师生,他们所经营的产品也有相当一部分是斯坦福大学的科研成果,但是斯坦福大学却并没有直接创办任何属于大学本身的公司,也没有以任何形式直接参与硅谷企业的经营和运转。学校只是为研究园提供高质量人才,并且及时地把自己的科研成果转移到企业中去。斯坦福大学研究园的建立到硅谷的最终形成,实际上是一个高新技术产业化的过程。在这个过程中,斯坦福大学始终把握住了自己的方向,在发挥为社会服务职能的同时坚持追求学术进步和培养高质量人才。

3. 创办高校技术公司

美国高校创办的高技术公司主要从事技术开发工作,而非一般的高科技产品的贸易和经营,因而这类公司能产出很多科研成果,而且其实用性较大、转化为商品的速度也较快。这些高技术公司加快了高校高科技成果向产品的转化过程,对那些有应用前景并能在较短时间内开发出高新技术产品的科研项目进行研究。由于这类项目大多数有高校的科研人员参加,且部分高新技术公司直接由高校创办,因此,它是美国大学生参与技术创新的又一途径,也是美国高校产学研合作教育的重要阵地。

二、德国

同意大利、法国等其他欧洲国家相比,德国的高等教育起步较晚。19世纪前,德国高校的主要职能为单一的人才培养。19世纪初,德国著名的教育改革者、柏林洪堡大学的创办者威廉·冯·洪堡(Wilhelm von Humboldt)推行了卓有成效的高校改革。洪堡倡导"学术自由",强调"教学与研究相结合"的办学思想,将"科学研究"纳入大学职能(陈洪捷,1994)。以柏林洪堡大学为代表的德国大学为19世纪德国的科学发展做出了杰出贡献,德国的高等教育居欧洲乃至世界高等教育的领先地位。然而,随着社会经济环境的改变,德国大学的发展面临着诸多问题。洪堡等所倡导的教育观念视大学为单一的纯科学机构,任何其他目标,特别是实用性和功利性的追求都应当严格排除,造成了大学的发展同社会需求脱节的弊端(陈洪捷,2001)。

(一) 德国产学研合作的主要形式

德国产学研根植于德国特有的社会市场经济和历史文化背景,形成了世界闻名的弗朗霍夫协会模式,有很强的独特性,是德国产学研合作模式的典范。当前,德国用"创新伙伴"计划进一步促进产学研合作,开展国家高技术战略,重点希望在信息技术领域、生物技术领域、健康与医疗领域、纳米技术领域有所突破,占领世界科技的前沿。其产学研合作的主要形式包括如下几种。

1. 校企合作

经过多次的高等教育体制改革,德国传统的教育观念逐渐被"教育同科研、生产相结合"的办学理念所取代,政府积极参与并倡导校企合作,建立起多个成功的校企合作研究中心,比较有代表性的有 E. ON 能源研究中心(E. ON Energy Research Center)和新材料模拟研究中心(Interdisciplinary Centre for Advanced Materials Simulation)。其中,E. ON 能源研究中心由亚琛工业大学(RWTH Aachen)和 E. ON 公司(德国著名的能源供给公司)共同建立,是德国最大的校企合作项目之一,拥有世界范围内比较先进的能源使用、节省、开发技术。北威州政府投资1560万欧元用于建设该中心,联邦政府投资额达990万欧元,E. ON 公司在10年多时间内投资额达4000万欧元。新材料模拟研究中心由波鸿鲁尔大学(Ruhr-Universität Bochum)的研究所和蒂森克虏伯公司全球型专业材料和技术集团(ThyssenKrupp AG)的建立,集结了原材料发展领域顶级优秀人才,包括工程师、物理学家、数学家和化学家等。到目前为止,企业方的合伙人包括拜耳材料科技公司(Bayer Material Science AG)、萨斯吉特钢铁公司(Salzgitter AG)和博世集团(Robert Bosch GmbH)。学术方的合作伙伴包括马克斯·普朗克联合会的铁研究所(Max-Planck-Institut für Eisenforschung)、尤利西研究中心（Forschungszentrum Juelich）和亚琛工业大学（RWTH Aachen）。不同于洪堡时期的教学与科研相结合的模式，这种校企合作的研发模式集基础研究和应用研究为一体，以科研带动教育与生产，优化配置了高校的学术资源，将其有效地转化为生产力。

2. 校外科研机构

在德国，存在于校外的大量科研机构和组织在科技的创新、发展与应用方面，同样起到不容忽视的作用。德国四大校外科研组织包括"弗朗霍夫联合会"（Institute der Fraunhofer-Gesellschaft，IFG）、"马克斯·普朗克联合会"（Max-Plank-Gesellschaft，MPG）、"莱布尼兹联合会"（Leibniz-Gemeinschaft，LG）和"亥姆霍兹联合会"（Helmholtz-Gemeinschaft，HG）。

IFG 于1949年在德国慕尼黑成立，主要研究领域是微电子和微系统技术、生产和制造技术、数据处理和通信技术、工厂组织和企业管理、新材料开发、环境保护和劳动保护，以及与生物工程有关的各种技术。IFG 主要为中小型工业企业、服务性产业及政府部门提供合同式科研服务，创造了企业、高校和政府合作的成功机制。高校承担基础研究工作，政府提供财政支持，工业企业提供合同并实现科技向产品转化，而 IFG 的研究机构致力于培养研究人员，成为连接基础研究和工业应用的纽带。

MPG 作为独立的科研组织于1948年在哥廷根成立，在德国范围内拥有80家马克斯·普朗克研究所（Max-Planck-Institute，MPI），此外还拥有独立的新生代科研力量、国际化的合作伙伴和马克斯·普朗克研究学校（Max Planck Research Schools）。MPI 主要致力于自然、生物、精神及社会科学等领域的基础研究。其未来的研究方向主要针对有创新意义的领域，包括在高校中无法找到合适位置的课题、在高校中由于跨学科而无法适应高校组织形式的课题，以及由于费用过高而被忽略的课题。其研究的多样性使其在很多领域填补了高校和其他科研机构的空白。MPI 还为高校的科研工作提供服务，包括提供专业图书馆和文献资料等。

LG 是一家包含86个科研机构的联合会，为科研活动提供基础设施和服务。其研究领域涵盖自然科学、工程科学、环境科学、经济科学、社会科学、地球科学和人文科学。每个典型的 LG 研究所都是一个紧凑而又灵活的个体，负责某一领域的研究活动。其科研任务介于基础理论研究与应用科学研究之间，为这两个领域搭建起桥梁。此外，LG 同高校、其他科研组织及企业在全国乃至世界范围内有着紧密的合作关系。LG 同高校的科研工作互为补充,二者联系之紧密可以从"德国大学卓越计划"中窥知一二。该计划包括资助特定的杰出高校、杰出年轻科研人员等。其中很多活动,LG 都积极参与其中。

HG 拥有 15 个科研中心和 2.65 万名员工,是德国最大的科研机构。HG 每年获得的科研经费总额超过 28 亿欧元,其中来自政府渠道的经费相当于德国另外三大科研组织 MPG、LG 及 IFG 的总和。在能源、地球与环境、生命科学、物质结构、宇宙航天和交通等研究领域具有领先的科研水平。

在人才培养方面,上述校外科研机构除了培养自己的科研团队,还通过雇用大学生等手段,为大学生提供了丰富的参与科研与实践的机会。例如,在 IFG 的 8500 名员工中,40% 是大学的高年级学生,科研机构在降低科研成本的同时也为大学生成长为优秀人才提供了必要的条件和环境。在科技创新方面,同高校的基础研究相比,这些科研机构侧重于应用技术的研究,研究范围更广、组织形式更灵活、同生产实践的联系更紧密。此外,上述机构作为大学的合作伙伴,将大学的基础研究同企业的技术需求结合起来,有效地促进了科研成果向经济效益转化。(杨晶,2012)

3. 双元制职业教育

双元制是指青少年既在企业里接受职业技能方面的培训,也在学校里接受专业理论和普遍文化知识教育。这是一种将企业与学校、理论知识与实践技能紧密结合,以培养高水平的专业技术工人为目标的职业教育制度。双元制的一元是职业学校,职业学校的文化课一般每周为 12 学时,采用每周 1~2 天或每学期集中 1~2 周的方式进行课堂教学,其他时间则在实习培训场地或企业从事技能培训。双元制的另一元是培训企业,凡在职业学校上学的学生,都要与培养企业签订培训合同,内容包括培训目标、培训起始时间、培训年限、生活津贴数额等。学生学习期满考核合格后,大部分留在原签合同的企业工作,也有的到其他企业工作或继续上学深造。这种双元制的精髓可以概括为:学校和企业合作,突出企业培训;理论和实践结合,突出技能培训。(张承奎,1999)

(二)德国产学研合作的主要特点

归纳起来,德国产学研合作具有法律体系完备、政府适度参与、产学研深度合作三大特点。

首先，法律体系完备。在德国，大学生成长的各个阶段都置于法律的保护之下。法律给予高校自治、学术自由的权利，保障每个人享有平等的受教育的权利。尤其值得我国借鉴的是，法律赋予大学生寻求资助和在学习期间实习、工作并获取合法报酬的权利。正是由于相关法律体系的完备，使德国学生在进入高等教育阶段之后，可以大量地参与社会实践活动，经济上逐渐独立。由于雇用学生员工可以在一定程度上减免赋税，企业也乐于接纳学生参与其生产活动。因此，大部分企业，都会有一定的职位专为学生保留。此外，企业还长期为学生提供带薪实习和培训的机会。

其次，政府适度参与。一方面，德国的教育行政管理模式属于地方分权制，即包括高等教育在内的文化教育事业的立法权及行政管理权都属于各州，反对联邦过多干预。另一方面，高校自治，各州政府对高校给予适度的监督和指导，不直接参与管理。在产学研合作发展的过程中，德国政府的主要职能包括：完善法律体系；在国家层面向全国各高校和研究领域注入资金，改善高校的教学和科研环境（如"高校协定2010"）；聘请世界一流的科研人员（如"返乡者计划"）；提高大学的综合实力（如"德国大学卓越计划"）；加强高校同企业和其他科研机构的合作，分担创新风险和成本，促进科研成果的转化（如建立"校企合作交流中心"）；等等。

最后，高校、企业和科研机构深度合作。在德国，高校、企业和科研机构的合作关系颇具长期性和稳定性，正如上文中介绍过的四大校外科研机构的发展模式一样，在合作过程中，三方各司其职，共同发挥作用，缺一不可。正是由于这种合作关系，德国的人才培养才是在高校、企业和科研机构里交替进行的。学生在高校获得基础知识，在企业中实践，在科研机构中创新学习，充分利用各方资源成长为优秀人才。

三、加拿大

（一）加拿大产学研合作的主要形式

加拿大产学研合作包括校企联合体，官产学联合攻关，产学多方位、深层次合作等形式（杨希文，1999）。

第一种形式是校企联合体。长期以来，加拿大高校教育科研经费较为宽裕，教授们重基础、轻应用，重发表文章、轻成果转让和开发的现象比较严重。然而，20世纪90年代以来，随着加拿大政府不断紧缩科研经费，高校领导和科研教学人员的观念也发生了很大变化。许多从前满足于"闭门造车"的学者纷纷走出校园，主动与企业合作，建立长期的发展伙伴关系。高校一方面通过企业实现了技术转让，获得了一些额外的经费；另一方面，在同企业合作中积累的经验也丰富了教学内容，使教学和科研更具针对性。企业则利用高校的人才优势，开发了新产品，增强了国际竞争能力。

不列颠哥伦比亚大学（University of British Columbia，UBC）与温哥华的西港创新环保公司的合作就是一个很好的例子。UBC帮助该公司开发出一项减少柴油机排放有害气体的技术，使其增加了一项极有发展潜力的业务项目。根据双方协议，拥有该项技术知识产权的UBC，将其特许权转让给西港创新环保公司，UBC除获得专利费外，同时享有该公司的部分股份；西港创新环保公司则有权进一步开发此项技术。近年来UBC通过同企业的科研合作，创立了71家公司，吸引了6.34亿加元的外来投资，为不列颠哥伦比亚省创造了1500多个就业机会。此外，该校在合作中培养了一大批了解企业情况、具有一定解决实际问题能力的毕业生。

高校和企业改变以往的松散联合，结成紧密的联合体，不仅是为了便于高校转让技术，而且还联合培养出了企业所需的专门人才。例如，安大略省南部酿酒业较为发达，但该地区原来没有能力培养适合本地葡萄种植和酿酒的人才，许多学生不得不到国外学酿酒技术，但因各地气候条件不同，酿酒工艺也不尽相同，导致"学非所用"问题严重。为此，布罗克大学在联邦和省政府的支持下与当地酿酒企业结成联合体，创建了寒带酿酒与葡萄栽培技术学院，获得了500多万加元的政府和企业投资。布罗克大学的最大收益是企业为其提供了先进的科研、教学设备，而企业的最大收益是能够得到急需的、受过良好训练、熟悉加拿大酿酒业的毕业生。

第二种形式是高等院校与政府和高科技企业联合开展高科技攻关（官产学联合攻关）。加拿大计算机软件产业较为发达，然而在科研开发的经费投入上远不如其他发达国家。如何有效使用科研经费，使之发挥最大作用是加拿大政府、企业、大学与科研机构共同关心的问题。1997年加拿大5家高科技企业、6所大学和国家科学院共同成立了软件工程研究联合体，携手探索软件工业碰到的问题，即如何将现有的、实践证明是可用的软件改造为新的、更好的软件，而又无需投入大量资金。由于此项目不存在参加者互相保密的问题，参加者积极性非常高，群策群力从各个角度进行研究，达到了协同攻关的目的。

软件工程研究联合体共有五对合作伙伴，分别是加拿大 IBM 公司与多伦多大学和维多利亚大学、加拿大贝尔公司与蒙特利尔大学、北方电讯网络公司与滑铁卢大学、MITEL 公司与渥太华大学、国际客户技术有限公司与阿凯迪亚大学。国家科学院为上述五对合作伙伴提供科研资助，同时在渥太华大学建立一个示范中心，以便使每对合作伙伴都能了解其他人从事该项目研究的进展情况。该项目的合作持续了三年，整个项目经费达 1730 万加元。

产学研结合联合开展高科技攻关对参与的三方皆有较大的益处。大学可直接了解软件工业碰到的实际问题，还可把与企业的相互合作中获得的新知识和新思想融进教学中，促使教学水平不断提升。企业部门在解决其重大科研难题上也得到了大学和国家科学院优秀科技人才的支持和帮助。国家科学院不仅促进了大学与企业间的合作，使科技更好地为经济建设服务，而且借助大学和企业的人力和物力为自己关注的科研课题找到了解决办法。

第三种形式是高等学校与高科技园区和高新技术公司开展多方位、深层次合作。高等学校科研实力雄厚、设备先进、学科门类齐全、人才济济，因此各国的高科技园区多建在著名大学附近。反过来，高科技产业的汇集、相互间的信息交流与思想碰撞、项目协作与科技产品贸易又为高校科学研究、人才培养和技术转让提供了难得的环境。加拿大高等院校在这方面独树一帜，别具特色。在萨斯喀彻温大学校园里建立的"创新科技园"里有航天、农业、生化、生物技术、通信和环保等领域的 96 家高科技公司，雇佣了 1500 余名高科技人员。1995 年"创新科技园"为萨斯喀彻温省增加了 1.42 亿加元的经济效益。萨斯喀彻温大学不仅通过租让土地获得了可观的收入，而且利用高科技园设在校园内部的优势，推动了该校教授与高科技园科技人员的合作，特别是在相关学科和边缘学科领域的合作。与此同时，该校还承担高科技公司委托的科研项目，安排学生到高科技园的一些部门实习，聘请高科技公司的专家当兼职教授，不定期地讲授一些课程或举办学术报告等。这些做法又为该校节省了一笔不小的开支。高科技园对高校的另一个重要影响就是促使高校的学者、专家比以往更深刻地认识到技术转让的价值和基础研究的潜在商业价值。

加拿大东部新斯科舍省政府为加速高科技成果转化，顺利完成从成果发明、中试到商品化的过程，成立了新斯科舍创新公司。该公司下设科研和开发、产品和工艺改进、技术升级、投资信贷、管理和行销指导、商业"孵化"和信息咨询等部门，为获得高科技成果的单位或个人提供"一条龙"的免费或低收费服务。高等院校的教授和研究人员擅长于研究，但对如何将成果转化为商品、将技术转化为生产力缺乏经验。新斯科舍创新公司正好弥补了这方面的缺陷。当地高校抓住有利机遇，鼓励、支持、帮助许多高技术所有者（即其发明人）到该公司去进一步转化、"孵化"他们的成果，利用公司的优势和提供的优惠条件来完善技术商品化过程，从根本上解决科研经费问题。

第四种形式是高等院校积极参与优秀科研中心网项目。优秀科研中心网项目是由加拿大高校、企业和政府科研机构围绕某个科研课题共同组成开放型、网点式的科研联合体，主要承担政府和企业界优先支持的、对促进经济持续增长、创造就业机会和改善人们生活质量具有深远意义的科研项目。政府、企业和高校共同承担对科研项目的投入。为提高项目管理效率来，每个科研中心网都设立了董事会，按照公司的管理机制、方式进行管理。董事会由参与该项目的高级经理、高校校长、财务专家、研究人员、科研管理人员、技术转让专家与省政府官员组成。

加拿大幅员辽阔、人口稀少、科研力量相对分散，采取科研中心网的方式将高校、企业和政府科研机构联合起来，可以最大限度地发挥每个参与机构的作用，加快科研成果的开发与应用。

高等院校通过积极参与科研中心网，可以开展传统方式无法进行的大规模科学研究，而企业则可利用高校和科研机构的人才优势帮助他们解决科学技术中的难题。科研中心网使高校一开始就能认识到新的和正在酝酿的技术突破所带来的市场潜力，并掌握新技术的发展方向和开发条件，减少一般技术转让所造成的时间差，赢得高等院校"单打独闯"时不敢想象的便利和效益。

第五种形式是校企合作教育。加拿大高校实行的合作教育（cooperative education program）是一种高校、学生、雇主的三方合作，是一种将学生的专业学习同实际工作相结合的教育形式，是加拿大高校办学的一大特点，也是促进产学研三结合的一种重要方式。其基本做法是：学生在完成一定的专业学习后，将他们安排到与其所学专业有关的公司、企业、政府、社会服务机构进行有酬实习。学生从事实际工作的时间一般为专业学习时间的 1/4。学校负责安排实习单位，用人单位付给学生工作报酬。学校负责跟踪检查学生的实习情况，用人单位负责对学生的实习进行指导并评价学生表现。参加合作教育的学生必须是加拿大公民或是永久居留身份者。

1999 年，加拿大共有 48 所大学、54 所社区学院和 8 所专业学院设有合作教育课程。参加合作教育的学生 5 万多名，占加拿大高校学生总数的 14.67%。开办合作教育的高校均设有合作教育办公室，负责录取和安排学生的工作单位，了解他们在实习中的表现。高校根据市场需求在工程、计算机、财会、社会工作、管理等专业领域开展合作教育。学生在入学选择专业时即可申请参加合作教育。合作教育办公室根据学生的高中学习成绩进行择优录取。学生被录取后进入各系学习,在完成两学年的专业学习后,开始工作学期。每一个工作学期为 13~15 周。工作学期结束后,回系再进行一个学期的专业学习,之后是第二个工作学期。这样循环往复,累计为 4 个工作学期。学生的 4 个工作学期一般在同一个单位实习,也可能在不同的单位,但从事的工作必须与所学专业有关。参加合作教育的学生除交纳普通学费外,从开始工作学期起(一般为三年级)每学期还必须交纳 300~500 加元的合作教育管理费。工作实习期间,学生的工资标准由用人单位根据学生的不同专业确定,平均工资每周 400~600 加元,第四个工作学期平均工资为每周 650~700 加元。学生在工作学期里必须与学校保持联系,随时反馈工作中出现的问题,以便学校出面解决。一学期工作结束后,学生需向学校提交书面报告,用人单位也需向学校提供学生工作情况评估表。学生所在院校根据学生的报告、用人单位评估意见及合作教育办公室的检查情况评定学生工作学期的成绩。如果成绩不合格,学生将被取消参加合作教育的资格。

参与合作教育的三方都能从这种合作中受益。学生可以在与本专业有关的用人单位工作,获得实际工作经验,为毕业后找工作奠定基础,并可将获得的报酬用以支付学习费用。用人单位能雇到优秀学生并在实际工作中考核、未来录用为正式员工,从而减少为雇员支付的培训费用,同时有机会雇用到廉价的临时工作人员。高校则可以通过加强与企业和社会的联系,了解社会对毕业生的需求,不断改进教育教学方法,吸引优秀生源,提高学校的知名度,增加学校经费,扩大办学规模和效益。

(二) 加拿大产学研合作的主要特点

加拿大高校产学研合作的特点集中体现在高校、学生、企业三方的合作,尤其重视产学研合作中"学"的位置,这使得高等教育的人才培养职能在合作中得到真正的体现,也是区别于其他模式最显著之处。因此,将学生的专业学习同实际工作相结合是加拿大模式的一大特点,也是产学研合作的一种重要方式。其基本做法是:学生在完成一定的专业学习后,被安排到与所学专业有关的合作公司、企业等进行有酬工作,学生从事实际工作的时间一般为专业学习时间的 50%。

四、英国

(一) 英国产学研合作的典型形式

英国高等学校产学研合作最典型的形式是教学公司。教学公司的概念是从医科院校通过教学医院的临床实习来培养新医生这种"边学边做"模式中得到启发而发展起来的。基于这种观念，为重点加强高等教育与产业界的联系、增强高等院校面向生产实际开展科学研究和教学的积极性、促进产业界的技术创新和管理水平的提高，1975年英国组建了全国性的教学公司。英国教学公司设在北爱尔兰首府贝尔法斯特市，由英国政府的科学和工程研究委员会（SERC）、贸易和工业局、经济和社会研究委员会及北爱尔兰经济发展局联合资助研究基金设立，工作人员达250人。教学公司计划（teaching company scheme，TCS）是英国实施产学研的重要措施和旨在鼓励科技界与产业部门合作的政策。该计划早期主要针对大公司，现在90%的方案涉及的是中小企业。之后，教学公司计划和院校与企业界的合作伙伴计划（college-business partnerships scheme，CBP）于2003年合并成"知识转移合作伙伴计划"（knowledge transferships scheme，KTP）。到2008年年底，大约900家各种规模的公司参加KTP，为1000多名毕业生提供培训，几乎涉及英国所有大学。此后，英国技术战略委员会（TSB）还推出了短期知识转移合作伙伴项目（short knowledge transfer partnership，SKTP），与一般的KTP持续1~3年不同，SKTP仅持续10~40周，大大降低了企业利用专家专业知识的成本，保证更短时间内的高产出。这些计划的运行基本制度机制相同且都是建立在教学公司模式基础之上，因此，我们仍以教学公司为分析范本。（李炳安，2012）

(二) 英国产学研合作的主要特点

就目的而言，英国教学公司是为了实现产学研紧密结合，在促进中小企业发展的同时也提高大学生的实践技能，总体具有公益性，是一种基于研究成果应用和创业人才培养双重公益目的为导向的组织结构性设计，而不是一种科研成果许可买卖策略。其实质是实现资源优化配置，让中小企业更便捷地获得基于自身发展需要并能解决自身发展问题的科研成果；让大学生在大学和企业双重创业导师的指导下，将科研成果运用于特定企业并解决应用过程中的特定技术问题。在企业获利的同时大学生的创新能力也得到了培养。而英国政府对教学公司的财政投入是非营利性的，目的是促进公益目的的实现。

就法律主体而言，从教学公司的"公司"属性来看，英国教学公司在组织体结构上的法律形式属于非公司型。其既不属于有限责任公司、股份有限公司，也不属于一人公司、合伙制企业。教学公司从其"教学"属性来看，也不属于公共事业单位。尽管其有创新型人才培养的目的，但没有教学过程、教材体系及其一整套的教育设施。从教学公司的创办主体来看，尽管英国贸易和工业局属于行政主体，但教学公司本身不具有行政管理职权，也没有获得授权或接受委托，而是通过设立类似民间组织的管理委员会来推动整个组织体运行并实现其设定的目标。从民间组织的角度来看，英国教学公司没有注册登记，不具有独立的法律地位和独立的法人资格，自然也不属于独立的社会团体和民间组织。教学公司名义上是一家公司，实际上却是一个非营利性的半民间半行政机构，按照半民间半行政职能体制运行，设有"半行政半市场化"的治理结构。教学公司通过半行政手段促成产学研合作联盟，通过行政主导达到培养创业人才的目标；通过半民间的手段来构建多层次合同，以明确各合作主体的利益及其责任，使得合作体制体现多方的需求和意愿而得以持久地延续和发展。

就教学公司主导的法律行为性质而言，属于资助行政行为。即英国贸易和工业局等相关行政主体为了实现产学研紧密结合、提高大学生的实践技能，以项目的形式提供给结合方资金的行政行为。资助行政行为充分体现了现代行政积极引领社会经济发展的功能。教学公司所体现的行政行为具有以下四个特点。第一，资助是为了实现特定的公共目的，通过项目的形式使资助对象和资助目的特定化，并向特定的主体提供资金资助的行政活动。公共目的总体表现为通过资助达到产学研的结合，促进知识转化，提高学生的创业实践技能。第二，资助行为具有较强的政策导向性，即英国贸易和工业局等相关行政主体通过对特定对象的资助，充当产与学的介质，引导和鼓励企业、高校结合，推动科学技术的不断发展和理论的不断创新，并为经济服务。第三，资助行为具有非营利性，是以公共财政为基础的授益行政行为。性质上属于政府引导型基金而非股权型基金，通过经济手段以资助的方式积极推进产学研合作，行为本身并不获利，无需资本化，也不收回成本。第四，资助行为是负担条件的行政行为，不同于行政奖励。教学公司向特定项目所涉及的相对人提供资助资金的同时，也要设定一定的负担条件，如在特定创业人才的培养、项目本身的可行性、项目助理的人数、项目持续的时间和进程等方面都要设定特定的要求，而且通过监督和巡查来检查资金的使用情况。接受资助的主体必须按事先约定的条件来使用资助资金。

就启动机制而言，教学公司在运转过程中，除了公司本身以外，还涉及另外两个法律上的主体，即特定的高校和特定的企业。高校和企业要成为教学公司运转中的特定主体，理论上主要有三种途径。一是由教学公司启动。直接通过"拉郎配"方式，将某一高校和企业捆绑起来，进行产学研合作。二是由高校启动。高校主动寻找特定的企业，将所研发的成果应用于生产实践。三是由企业启动。根据生产实际和市场的需要，主动寻求合作研发项目。英国教学公司采取的是第三种启动方式，符合特定条件的企业可以直接启动教学公司的项目。这些特定条件中的基础条件是企业本身要有一定的财力、有合格的企业指导导师；根本条件是项目对企业发展要起关键和战略的作用。企业根据发展的需要来启动该项目的研发计划，能够保证研发计划的针对性和现实性，避免研发的盲目性，也能最大限度规避研发的风险，对企业的未来发展和创新能力的提高具有重要意义。

就项目的形成机制而言，企业根据自身的发展需要启动项目后，就要与当地的教学公司协调机构沟通和咨询，以确认哪些大学（也称知识库单位）具有其所需要的专家和技术成果。然后，企业与最终选中的大学进行咨询和协商，对企业启动的共同开发项目的必要性、可行性进行论证，对项目的目标及实施的细节达成协议。达成协议后，双方共同形成项目资助申请书，提交贸工部的教学公司办公室批准。需特别注意的是，教学公司项目的立项必须由企业和高校一起申请才有效。项目一旦获得批准，就可以得到教学公司基金的资助，资助额度一般为项目所需费用的50%~70%。其实这是一种研发风险的费用共担机制，它能够促使企业审慎对待项目的实施，提高项目实施的成功率。由于经费资助的诱导作用，一些企业尤其是中小企业申请教学公司项目的积极性很高。

就培养机制（即项目助理选拔和培养的机制）而言，教学公司计划项目助理的工作期限和人数要随项目而定，期限一般为2~3年，人数一般为1~3人。因为高校的选任能力、识别能力强，所以项目助理一般由负责该项目的高校选聘（通常由优秀大学毕业生或研究生来担任）。项目助理与所在高校（知识库单位）签订劳动协议，但工作却在企业，工资由合作的企业支付，并享受与所在公司相应职工的同等福利待遇。在劳动法律关系上，类似于我国劳动合同法中的劳务派遣，呈现"三方"的结构及"两层"的法律关系，即劳动法律关系和民事法律关系并存。项目开始后，项目助理需配备两名顾问作为导师，一个是高校的资深教授作为学术顾问，另一个是合作企业的高级技术人员作为技术顾问。这种建立在企业发展需要基础上的"以用为主、以用促学"的用学结合培养机制能体现创新型人才培养的规律。在具体实施过程中，高校的学术顾问也要经常性地到企业指导项目助理的研发工作；项目助理除了和企业技术顾问在现场解决工作中不断出现的问题外，每周还需要有半天的时间与高校的学术顾问进行研究工作。这种常态的互动机制，不仅能提高项目助理的研究能力，还能及时解决项目实施过程中的问题。教学公司项目选择优秀的大学毕业生作为项目助理，通过项目的工作实践来提高运用理论知识解决实际问题的能力，从而达到培养高质量应用型人才的目的。也就是说，当初政府建立教学公司的目的除了促进产学研结合推进高校科研成果转换成生产力以外，还有一个重要的目的就是培养大学生和研究生的实践技能。从这一点来看，教学公司模式在性质上应属于产学研结合的教育模式，而非产学研结合的产业模式。

就管理机制而言，教学公司设有管理委员会和理事会，重大决策由教学公司管理委员会决定，日常工作由理事会负责。其中，项目协调员的工作机制是整个项目管理机制的重要环节。在管理体系上，教学公司的项目协调员与全国各地的地方管理委员会对项目实施共同进行管理、监督和评估。在管理方式上，教学公司的项目协调员通过地方管理委员会每季度一次的工作例会机制了解和协调项目进展过程中的问题。在工作例会上，每个项目都要在学术、进度和经费使用等方面进行汇报。虽然这计划并非一成不变，但改变计划必须得到事先授权。总体来看，教学公司的管理和监督是以"项目"为载体，通过项目的形成机制、项目的监督机制把企业和高校联系起来，并通过项目协调员和地区性的工作例会制度对项目进行跟踪、检查和协调，从而不断推进项目的顺利完成和实现对创业人才的培养。（李炳安，2012）

五、日本

日本大学的学术活动涉及人文、社会、自然科学的所有领域，肩负着科研和人才培养的双重使命。日本大学具有较高的科研水平和技术创新潜力，社会各界对产学研合作抱有很高的期望,并实行了多种合作形式,取得了令人瞩目的成果(祝东伟,2006)。

(一) 日本产学研合作的主要形式

1. 共同研究

1983年以后,日本国立大学的研究人员和民间企业的研究人员可以就共同的课题开展合作研究,将国立大学的研究能力和企业的技术能力结合起来,创造出优秀的科研成果。这种新的形式实施以来,各方关心、参与程度与日俱增,合作项目逐年增加。日本政府不断完善制度规定,鼓励更多的国立大学和企业参与共同研究。

2. 委托研究

这种形式是指企业和中央政府部门委托国立大学进行某项研究,接受委托的大学使用企业和中央政府部门提供的经费开展研究,向企业和中央政府部门提供科研成果,以此协助企业和中央政府部门的研究开发。1995年文部省等相关政府部门推出"促进特殊法人等部门有效利用政府资金开展基础研究的制度",鼓励国立大学接受委托研究,为学术研究创造了更好的环境。

3. 委托研究员

这种形式是指企业的技术人员和研究人员到国立大学及大学共同利用机构,接受研究生水平的研究指导,以把握最新的研究动态。他们所学的专业涉及人文、社会、自然科学的所有领域,通过提高素质和能力,以期在企业未来的研究活动中发挥更大的作用。

4. 教育捐赠的财会制度

日本国立大学等属于国家机构,国家在收支等财政方面制定了严格的法律规定,而有关教育捐赠的财务规定,受赠国立大学可以灵活使用这些捐赠开展研究活动、国际交流或用于学生的奖学金。这项制度的具体程序是:首先大学将所得捐赠全部上缴国库,然后国家划拨与捐赠等额的资金返还给大学。此外,国立大学和大学共同利用机构还可以利用捐赠的资金开设冠名讲座、创建新的研究部门。

5. 共同研究中心

从1987年开始，日本的一些大学相继建起了共同研究中心。共同研究中心作为国立大学与产业界联系合作的窗口，既是共同研究的场所，又是企业技术人员接受高级技术培训的课堂。截至2006年，日本全国43个都道府县中已有52所国立大学设立了共同研究中心。值得一提的是，为强化合作功能，促进技术、产业的创新，日本的东北大学和东京工业大学在1998年建立了产业技术孵化中心。

(二) 日本产学研合作的主要特点

官方主导是日本产学研合作的突出特点。在过去的十几年，日本政府（文部省）运用多项政策，鼓励和引导国立大学与产业界进行研究合作并取得了相当的成就。随着各方呼声的日益高涨，1996年，日本政府又召集了由学者及各方有识之士参加的调查研究合作人员会议，讨论产学研合作的有关方略。在此基础上，1997年日本的产学研合作又有了新举措，首先将共同研究的场所延伸到了企业，其次放宽了对国立、公立大学教师（根据日本法律，国立、公立大学教师属国家公务员）到企业兼职的法律限制。另外，鉴于现行的退休金金额计算方法对暂离职参加合作研究的大学人员相当不利，日本国会1996年4月通过了《教育公务员特例法》的部分修正案，并于同年10月开始实施，通过破除法律屏障促进人员的相互交流。为了促进大学科研成果的产业化和产学研的合作，日本国会于1998年4月、5月分别通过了促进大学技术研究成果向民营企业转让的相关法律《大学技术转让促进法》和《研究交流促进法》的部分修正案，并均于同年8月实施。根据《研究交流促进法》部分修正案的规定，企业在国立大学及国立试验研究机构等所在土地（均为国有土地）上建立共同研究设施，其土地使用费将被给予优惠。日本在产学研合作上，有着一套完整的制度，现在仍在致力于对各项法律规定的修订与完善，建立了完备法制环境，为大学的科技成果转化，促进企业科技进步提供了最佳的前提和保证。（中国驻日本使馆教育组，2001）

第二节　国内高校产学研合作探索

一、区域产学研合作创新的成功案例：江苏

作为区域成功案例，南京拥有得天独厚的政产学研合作创新的资源优势。一方面，南京科教资源丰富。南京地区有各类高校70余所，省级以上的科研机构600多个，在校大学生70多万人，两院院士80余人。另一方面，南京高科技企业聚集度较高，拥有大批尖端领域的科技人员和科技研发实力。基于此，南京建设创新型城市路径选择的核心点是以技术转移机制建设为突破口，通过资源和制度的融合，实现高校、科研院所的知识资源和企业技术创新资源的对接，建立高校、科研院所的知识创新源泉向企业技术创新流动和转移的社会机制，并在此基础上形成开放和吸收国内外资源的发展机制（洪银兴等，2011）。在实践探索中，南京逐渐形成了以政府为主导、以提升区域经济产业价值为导向、以技术转移通道和机制建设为重点的产学研深度合作的创新模式。在这一模式下，使得科研成果在南京本地的转化率不断提高，从2005年的28%提高到2009年的42%。

2007年11月16日，中国江苏首届产学研合作成果展示洽谈会在南京国际展览中心隆重举行。此次展示洽谈会旨在建立一个立足江苏、面向全国的产学研合作交流平台，以"展示创新成果、吸引领军人才、开放配置资源、促进成果转化"为主题，展示面积达14 000平方米，通过图片、影像、模型、实物等形式，集中展示了近年来全省产学研合作及重大科技成果转化项目所取得的成绩。展示洽谈会上，有国防科工委、中国科学院、中国工程院、北京大学、清华大学、中国农科院、南京大学、东南大学等国内著名高校、科研院所共250多家单位参展，展出涉及电子信息、装备制造、新材料、能源环保、生物医药、现代农业等七个领域的成果2400多项[①]。来自省内外的2200多名专家学者及省内2000多家企业的代表参加洽谈。展示会场的两台42英寸荫罩式PDP（等离子）全高清彩电非常引人注目。东南大学教授、南京华显高科有限公司首席科学家王保平自豪地介绍说："这是展会前一天刚诞生的首批四台样机中的两台，

[①] 中国江苏首届产学研合作成果展示洽谈会隆重开幕. 新华日报. 2007年11月17日

它的分辨率比普通 PDP 产品高出两倍，而价格比同类进口产品低 30%"。当时市场中分辨率为 1366×768 的 42 英寸国外品牌 PDP 彩电价格最低也在 1.2 万元，国产组装产品在 1 万元左右，而此产品一经上市价格有望定在七八千元，极具市场竞争力。该项目的产业化开发，很大程度上得益于政府部门的高度重视和大力支持，其不仅促成了东南大学与三家企业的"联姻"，还拿出大量专项资金助推其"孵化"（侯力明等，2007）。

2004 年，江苏设立科技成果转化专项资金，并将专项资金逐年由 3 个亿、5 个亿、8 个亿增加到 10 个亿，共组织实施了 300 个项目，其中属于产学研合作的达 238 个。不少经过国家长期科研攻关、代表我国科技水平的重大科研成果，正是在成果转化专项资金的引导下向江苏集聚，并向产业化"转身"。除了东南大学的"PDP"入驻南京浦口，中科院的"龙芯 CPU"花开常熟、北大的"众志芯片"落户常州、清华的"OLED"南移苏州昆山均是通过成果转化专项资金诞生出的产学研合作标志性亮点（侯力明等，2007）。

二、综合性大学在产学研合作互动中的成功案例：清华大学

（一）清华大学产学研合作的平台

清华大学的产学研合作互动以五个平台展开（荣泳霖，2009）。

1. 继续教育学院

清华大学的继续教育学院成立于 1985 年，是专门从事继续教育、远程教育的机构，校友大多是在校的企业家或各个领域的骨干分子，对于产学研联动教育具有很大的推动力。

2. 技术转移体系

技术转移体系包括了清华大学与企业合作委员会、科技开发部、国际技术转移中心等。其中，国内已有 148 家大型企业和企业集团、33 家跨国公司和大型企业加入清华大学与企业合作委员会，提供成果推介技术诊断、管理咨询、发展战略咨询等；科技开发部将清华大学的科研成果向社会进行推广转化，同时将社会的科技需求反馈回学校，并组织科研人员进行研究，管理清华大学的知识产权；国际技术转移中心将美国、俄罗斯、法国等发达国家的技术向国内

转移,利用清华大学的技术实力,消化吸收国外的先进技术。

3. 地方合作研究院

地方合作研究院是由地方政府和清华大学共同创办的科技开发、人才培养和高新技术产业化基地,如深圳清华大学研究院、清华北京工业开发研究院、河北清华发展研究院、浙江清华长三角研究院。

4. 校办企业

2003年,经国务院批准,清华控股有限公司正式成立。其主要以投资控股、收购兼并、上市等资产运作手段实施高新技术的产业化。

5. 清华科技园

清华科技园是历经10年打造的高科技孵化平台,截至2009年入驻清华科技园的企业约有400家,其中包括许多大公司的研发机构、工作总部。

(二) 清华同方产学研合作的实践

作为我国新生代高科技企业的清华同方,是清华大学科技链向产业链主动延伸的产物,自创建并上市以来,即将自己定位于一个联系知识创新源和知识应用终端的创新孵化器,为推动大学科技成果的转化与产业化进行了一系列前瞻性的探索。

如果说以促进科技成果的转化与产业化为自己的企业宗旨使清华同方赢得了广泛的生存与发展空间,那么,使清华同方在这一空间中有所作为的原则是逐步建立起了一种将自己定位于创新孵化器的独特的技术创新模式——紧密依托清华大学的人才、科技优势,以清华大学为自己的虚拟研发中心;从清华大学已有的科技成果或科技人力资本中发现、筛选能和市场结合的项目;通过"技术+资本"的运作,二次开发并孵化成新的产品、新的工艺、新的产业甚至新的企业。这些新的产品、新的工艺、新的产业甚至新的企业既可以充实到清华同方的产业领域,成为公司新的利润增长点,也可以通过各种有效的方式(如技术转让、企业购并等)转移到社会企业,为公司带来投资回报。

有两种流行的技术创新模式,即率先创新模式和技术跟随模式。这两种技术创新模式都可以与企业的基本战略有机地整合起来。对于采取率先创新模式的企业来说,它们往往设有自己的研发中心,其内生的知识创新成果能够有效地推动企业的技术创新,从而降低企业的生产成本或开发出高附加值的独特产品。而对于采取技术跟随战略的企业,它们往往是通过学习、模仿,以吸纳外生的知识创新与技术创新成果,来达到降低企业的生产成本或提高产品附加值的目的。(陆致成和高亮华,2000)

清华同方所选择的技术创新模式与以上两种模式完全不同,它有着自己的运作特点。

1. 虚拟研发

任何一个企业在选择自己的技术创新模式时,首先面临知识源的获取方式问题。一般而言,获取技术知识源可以采用"内生"(自主研发)或"外生"(技术转移、吸纳或兼并创新企业)两种方式。由于"外生"方式的交易费用问题和技术转移的特殊性(如垄断与控制),"内生"已成为企业获取技术知识源的主导方式,这就是所谓研发的内部化。但研发的内部化并不排斥,事实上也不可能完全替代企业获取技术知识源的"外生"方式。由于其特有禀赋,清华同方选择了一种最适合的技术知识源获取方式——背靠清华大学,清华同方无需采取"自生"的技术知识源获取方式,就可以从清华大学那里源源不断地获取自己所需的技术创新的知识,正所谓"清华科技,荟萃同方"。作为母体的清华大学在一定意义上已成为清华同方的虚拟研发中心。由于拥有这一虚拟化的研发中心,清华同方具备了长久持续发展的动力,科技优势得以充分地体现;作为清华同方的虚拟研发中心,清华大学的知识创新成果能够被迅速地转化为现实的生产力并向社会企业转移,充分体现了它作为高科技辐射中心的地位与作用。

2. 产学研合作

为了有效地利用清华大学这一虚拟研发中心的科技成果与人力资源,清华同方进行了大量的探索,并为此建立起了以清华大学为依托、以公司为龙头的产学研合作的一条龙体制,为确立清华同方作为科技成果孵化器的技术创新模式提供了组织上的保证。作为中国著名的研究型大学,清华大学不仅致力于教学与人才培养,而且从事各种门类的创新研究与科技开发工作。清华同方由于拥有这一虚拟研发中心而获得了一般企业很难获得的资源优势。然而,要将这一虚拟的研发中心所产生的科技成果转化为现实的生产力,还需要从组织上打通渠道。清华同方的研发中心就是通过对清华大学的科技资源的跟踪研究来搜索、发现和寻找清华大学现有的、能够和市场结合的科技成果或科技人力资本，并以此为基础进行二次开发，孵化出新的产品、新的工艺、新的产业甚至新的企业。因此，清华同方研发中心实质上构成了清华同方孵化器功能部分，是实施其技术创新战略的主体。清华同方通过研发中心与清华大学联结在一起，共同构成了从知识链、科技链通向产业链的产学研合作的一条龙体制。这条龙的上游是从事研发的清华大学，中游是进行技术创新的清华同方孵化器功能部分，下游是接受技术创新成果转移的清华同方产业部分与社会企业。通过与学校的产学研合作，将学校的科技优势与清华同方的企业资源紧密整合在一起，将科技开发的主体与成果转化、产业化的主体整合在一起，从而有效地促进了学校科技成果的转化与产业化。

3. 成果展示

依靠技术与资本的联合实力，清华同方在创办初期就实现了平均年销售收入增长100%和利润增长50%。即使2001年遭遇全球IT泡沫破裂，它也能迅速地进行产业结构调整，针对技术投入不足的情况，加大自主技术和产品产业化开发。现在的同方以IT和能源、环境为主业，形成了数字城市、物联网、数字电视、计算机、知网、微电子、半导体照明、多媒体、军工、环境等10个产业本部，旗下有全球知名的安防业务、全球最大的中文数据库——中国知网、国内排名前三的PC业务，及数字城市、数字电视、军工、环保等一批处于国内领先地位的业务。

2008年，清华同方发布《企业社会责任报告》，内容涵盖了同方成立10年来企业社会责任的履行情况。总裁陆致成在扉页上写了一段话："在信息技术、能源环境等前沿高科技领域构建了企业自主创新的核心竞争力，为中国经济的可持续发展，为人类绿色文明承担历史重任。"

清华同方以计算机闻名于世，其销售收入曾经几乎占总收入的一半。近几年，随着产业结构调整，物联网、LED照明、数字电视及能源环境等业务的比重不断提高，已经占到2/3强。我们口袋中的二代居民身份证芯片、新建地铁上的空调系统、办公大楼中的节能照明等处处都有清华同方的身影。在许多城市，清华同方积极协助政府参与水处理、空气净化、热泵技术、建筑节能、物联网的建设。在我们看不到的角落，清华同方正用科技悄然改善着我们的生活。

三、具体产业方面"产学研"合作的成功案例：中国石油大学

中国石油大学是一所石油特色鲜明、以工为主的多科性大学，也是中国石油一手创办的，石油石化行业中学科门类最全、科研水平最高的大学。学校始终坚持"以服务求支持，以贡献求发展"的办学理念，以石油石化工业发展等国家重要需求为使命。科研项目合作是中国石油大学成立以来与中国石油等公司开展科技合作的主要模式，而且项目合作内容与范围日益深化和广泛。近些年来，中国石油等公司陆续与中国石油大学签署了一些大型的合作项目。这些大型的合作项目一般着眼于石油生产实际需要的一些基础性问题或前瞻性问题，这对促进公司的可持续发展具有重要意义。

中国石油大学在多年的努力和积累中形成了多种产学研合作的模式，并不断地对这些模式进行深化和拓展。中国石油大学不同阶段产学研合作的主要模式概括为图2-1所示（宁正福等，2011）。

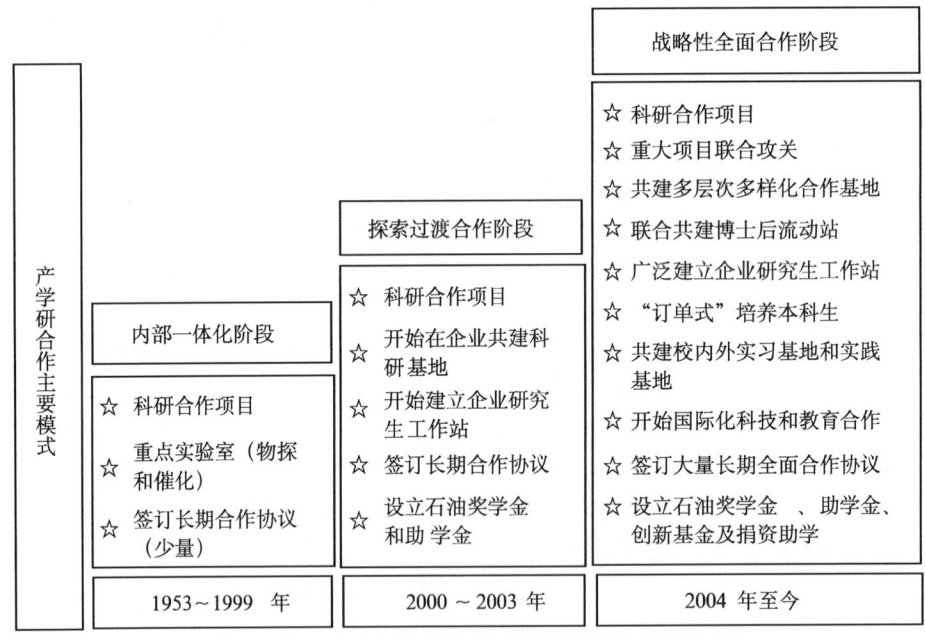

图2-1 中国石油大学不同阶段产学研合作的主要模式

四、西部产学研合作的新探索：四川

近年来，随着西部地区经济社会发展的加速，加上西部地区政府、高校及企业等产学研合作的主体在学习中不断调整和自我完善，在合作的具体形式上不断探索、不断创新，我国地区间产学研合作的实践与成果不均衡的状态逐渐得到改善。本书以四川为例，对西部地区近年来在产学研合作中的新探索进行简单介绍。

（一）基于产业的产学研创新联盟

2009年3月，成都高新区举行成立仪式，全市3G产业"大会师"。电子科技大学、西南交通大学、移动成都分公司、电信成都分公司、联通成都分公司、高新互联网协会、华为研究院、中兴通讯、迈普通信、芯通科技等3G产业链各环节的成员单位，正式签署了《成都新一代移动通信产业技术创新联盟公约》。该联盟公约的签订，使成都进军3G产业由技术优势更快地向产业优势转变。例如，专注于技术研发、人才培育的电子科技大学、西南交通大学与对准市场、擅长运营的在蓉科技企业更多地"碰撞"，对促进整条产业的做大做强起到了重要的作用[①]。

（二）大力推进院士（专家）工作站建设，建立产学研长效合作机制

近年来，四川省科协领导高度重视建站工作，把建立院士（专家）工作站作为服务于企业创新，推动建设创新型四川的一项重要工作来抓，积极将院士、专家等高端人才及其创新团队引入企业，与企业研发团队联合进行技术研发、项目合作和人才培养，促进企业技术创新与产业转型升级。院士（专家）工作站的建立，一方面加强了实验室成果的转化，促进了资源的高效综合利用；另一方面为企业培养了更多的科技人才，有效提高了企业的技术实力。

为深入贯彻《中共四川省委、四川省人民政府关于加快建设西部人才高地

---

① 西部首个3G产业创新联盟成立，http://www.chengdu.gor.cn/news/detail.jsp?id=243241[2009-03-06]．

的意见》（川委发〔2010〕11号），四川省委办公厅、省政府办公厅印发了《关于推进院士（专家）工作站建设的实施意见》（川委办〔2010〕39号）等7个配套文件，要求各市（州）、县（市、区）党委和人民政府及省直机关结合实际、切实推进院士（专家）工作站建设。

2010年8月，四川省首家由政府授牌的院士（专家）工作站和第一个由政府批准成立的院士（专家）服务中心在有"钒钛之都"美誉的攀枝花市挂牌成立，张懿、李洪钟、陈景院士工作团队还就"焦化废水强化处理集成技术研究"、"深还原钛渣综合利用"、"钒钛磁铁矿流化床还原新工艺研究"等技术难题与攀钢集团签订了企业院士（专家）工作站框架合作协议。作为中国最大的钒钛生产基地、钒钛原料基地，攀枝花市钒钛产品产能和产量居国内领先地位，院士（专家）工作站的成立，不仅为该市大批引进了以院士（专家）为核心的各类高端人才和高层次智力资源，建立了企业与院士（专家）长期合作交流机制，搭建了重要的平台，还对促进我国钒钛产业的升级有着积极的作用。正如攀枝花市市委书记、市人大常委会主任赵爱明所说，"攀枝花市院士（专家）服务中心和院士（专家）工作站的启动，对大力推进'四个倾力打造'，努力建设'四个攀枝花'，加快实现'打造中国钒钛之都，建设特色经济强市'的战略目标，具有十分重要的意义。对攀枝花这样一座资源型新兴工业城市来说，通过各种渠道和方式，大批引进以院士专家为核心的各类高端人才，尤其具有重大而深远的意义。"

同时，成都市在锦江电器制造有限公司、攀钢集团成都钢钒有限公司等企业建立了16家市级院士（专家）工作站，在院士（专家）工作站建设方面做了大量的工作，积累了丰富的经验。

(三) 市校合作创新产学研合作模式

近年来，四川省高校积极开展与广元市的"市校合作"。四川大学、四川农业大学、四川师范大学、西南石油大学、成都理工大学、成都中医药大学等50多所高校通过"市校合作"，主动对接广元经济社会发展需求，积极服务广元经济转型升级，促进广元经济社会又好又快科学发展，取得了明显的社会、经济效益，同时也为进一步推动高校服务社会建立了典型范式并积累了宝贵经验。

目前，四川高校在省内外与400多个地县及1000多家企业建立了科技合作关系。四川省教育厅将不断总结、推广"市校合作"，推广广元市经济社会发展的成功经验、基本机制和发展范式，组织和引导全省高校深入推进实施"高校科技成果转化工程"，推动高校增强服务意识、发挥自身优势。围绕国家和省创新体系建设，四川省"7+3"产业战略实施和新兴战略性产业发展、成渝经济区域规划启动实施、天府新区建设等国家、省、区域发展的主线，纵深推进高校与地方合作，切实加强与区域支柱产业、特色产业的产学研创新联盟建设，推动高校优势资源与区域、行业、企业的创新需求无缝对接，融入四川省技术创新链和成果转化链，为进一步助推四川省经济社会发展做出更大的贡献。（四川省教育厅，2011）

（四）产学研无缝对接，共同助推高新成果转化

2012年9月5日，由四川兴能新材料有限公司与中国科学院成都有机化学研究所共同完成的"高功率、高能量密度5伏正极材料镍锰酸锂尖晶石的批量化生产技术"、"低成本、高性能掺锆钛酸锂负极材料的批量化生产技术"项目通过了由省科技厅组织的专家鉴定。专家组一致认为，该锂离子电池正极材料镍锰酸锂的规模化生产技术具有突出的创新性，首次实现了高电位镍锰酸锂正极材料的工业化生产，填补了国际空白，达到了国际领先水平。同时，该锂离子电池负极材料钛酸锂的规模化生产技术处于国际先进水平，在实现低成本批量化生产的同时又保证了其具有优良的电化学性能，并已经达到了年产300吨的生产能力。

四川兴能新材料公司以新能源材料开发利用为主导，集新能源材料的研发、加工生产、销售业务于一体，现有主打产品是锂离子电池正负极材料（镍锰酸锂与钛酸锂）和锰泰龙锂离子电池、高纯石英砂和高纯熔融石英材料。为推动四川兴能新材料有限公司的快速发展，使其能够掌握先进技术、获得核心竞争力，从而在行业中脱颖而出，该公司在成立之初就摸索运作了独具特色的产学研合作模式，即研发以企业为主体，以市场为导向，为产业化和客户服务。在产学研合作过程中，四川兴能新材料有限公司的技术支持单位中国科学院成都有机化学研究所直接将核心研发人员派驻企业，所研究的课题不但紧跟行业国际前沿，而且根据企业产品生产的实际需求设立。通过这种形式的产学研结合，期望有效地打破科研院所与企业之间成果转化的壁垒，使科研院所的技术开发、人才培养和项目运作真正做到以市场为导向，让实验室的研究成果能够及时在企业进行二次产业化开发，让技术成果能够在最短的时间内转化为现实生产力，从而使企业能够在技术创新和成果产业化方面实现新的突破、抢占行业的制高点。（杜劲松，2012）

第三章 国内外产学研合作的研究论述

第一节　国内外有关产学研合作必要性的研究述评

产学研合作的创新研发、成果转换和人才培养现已成为国际公认的创新体制建设和人才持续创新能力培养的最佳途径。例如，北美的"硅谷"和"合作教育"、英国的"三明治"、德国的"双元制培训"、日本的"官产学研合作"等因凭借产学研合作平台培养科技创新型人才而享有较高的国际声誉。从本质上看，产学研合作是企业、高校和科研院所等三类技术创新主体，在政府的政策和法规引导帮助下，按照利益共享、风险共担、优势互补、共同发展的原则，共同开展技术创新和人才培养，逐步实现科研、技术、人才、产品和市场之间的相辅相成、良性循环的一种富有生命力的生存和发展形式。不可否认，产学研对企业技术进步、创新人才培养及创新型社会建设等各个方面均具有强有力的推动作用。综观国内外关于产学研合作的必要性的研究，可以从不同的角度概括为以下几点。

1）从系统论的角度来看，产学研合作是科研、教育、生产不同社会分工系统在功能与资源优势上的互补、协同与集成化，是技术创新上游、中游、下游的对接与耦合，其实质是促进技术创新所需的各种生产要素的有效组合。

2）从利益分配机制的角度来看，产学研合作是将知识要素与商业要素直接结合，通过价值传导中的利益分配机制，统一企业、高校和研究院所等三方技术人员与管理人员的利益矛盾，同时实现国家利益的最大化。

3）从培养产学研合作主体的核心竞争力的角度来看，主要包括两方面内容。第一，产学研合作既是解决高校、研究院所办学（所）条件、育人和任务来源方式、毕业生及人才去向等方面存在的问题的一种有效形式，也是解决高校和科研院所科研成果转化过程中的中试、设备、资金和技术市场等方面存在的问题的有效途径。第二，从微观层面看，产学研合作是参与合作的企业提高核心竞争力的有效形式；从宏观层面看，产学研合作与技术创新活动和国家创新系统建设有着必然的联系，产学研合作的规模与效率直接影响着国家创新系统的结构与运行效率。如果把"以企业为核心，产学研相结合的技术创新体系建设"作为基本国策，正确理解、把握和处理好产学研各方核心技术与核心竞争力的培育及处理好相互的关系，对推动科技与经济的结合、实现国家战略和发展转型，就显得尤其重要。

4）从产学研合作的过程的角度来看，因各主体在合作不同阶段所处地位存在差异，不同形式的产学研合作对各类主体的作用也存在差异。产学研合作在某种程度上可以看做一个系统工程，要想顺利进行，不仅需要一个科学的决策系统，更需要一个强有力的动力系统、良好的体制和运行机制。（岳贤平和李廉水，2009）

天津工业大学副校长李克敏（2012）就从发挥产学研合作的反哺效应对加快大学学科特色发展的方面论述了产学研合作的必要性。一方面，就学科总体而言，产学研合作反哺学科发展的作用是全方位的。团队建设方面，产学研合作可以聚合科研团队、吸引优秀人才、培养研究队伍；科研能力方面，市场化动力可加速科研方向的探索和科研能力的提升；科研成果方面，产学研合作可以促成成果转化的系列化、持续化，实现专利的共享；科研平台方面，产学研合作可以整合国家、地方和企业优质资源，建设高水平的研发、交流和实验平台；科研经费方面，产学研合作可以解决纵向课题经费的不足，吸纳横向项目的支持；人才培养方面，产学研合作可以带动教师、博士研究生、硕士研究生和优秀本科生的科研热情，培养其科研能力；科研奖励方面，具有与国家导向一致，紧密结合经济和社会发展的成果更容易体现水平与价值，因而更容易得到肯定和认可。另一方面，就处于不同发展水平和地位的应用型学科而言，产学研合作具有不同的作用。首先，产学研合作有利于生成有特色的新兴学科。由于决策周期和资助程序的原因，教育管理部门对新专业、新学科的支持总是滞后于学者和市场的敏感性。市场与高校的直接互动会推动新学科的迅速成长。其次，产学研合作有利于帮助一般学科成长为优势学科。许多学科依循原有学科传统，在不温不火的状态下维持，一旦通过产学研合作发现新的学科前沿领域和新的知识增长点，就能迅速实现学科知识的更新，发展成优势研究领域，在已有学科基础上生发出"人无我有，人有我优，人优我精"的特色和优势。再次，产学研合作有利于巩固优势学科的地位。优势学科就是一个学科的特色或优势所在。这些学科能获得学校、地方和国家的重点支持。重点建设和产学研合作两者优势的汇聚，更容易将与社会生产实际结合更紧密的问题提升为新的科研课题，即有利于开拓相关的新领域和新的增长点，甚至实现学科知识的革命性转折。良好的科研平台、优势的科研资源和前沿研究课题都为巩固优势地位提供了保障。当然，对于一些关乎人类进步、文化建设与传承及需要争创国际一流水平的基础学科而言，高校和科研院所也要给予足够的关注，要有"耐得住寂寞"的人才培养和投入，更要有"敢为人先"、"孤芳自赏"的修养与品位。

第二节 国内外有关产学研合作模式的研究述评

产学研合作模式的研究作为业内关注的焦点,学者们从不同的视角给出了不同的概括。例如,利用交易费用经济学的基本理论,对产学研合作中的沟通成本、谈判成本和履约成本等交易成本进行分析后,将我国各种产学研合作的方式归结为内部化、外部化和半内部化等三种理论模式,并探讨实行内部化和外部化的条件和措施(苏敬勤,1999);从网络组织概念的角度,提出产学研合作创新网络组织模式,并将产学研合作的网络模式细分为技术协作模式、契约型合作模式和一体化模式等(彭有福和朱桂龙,2003);从知识共享的角度,提出了"官产学研"虚拟研发组织模式,并将产学研合作的虚拟研发组织模式分为政府主导型、产业牵引型和学研拉动型三种类型,并对这三类虚拟合作模式的特征进行描述(王英俊和丁堃,2004)。

从模式上看,国内外的产学研合作都在积极探索由政府宏观引导和推进,由企业、科研机构、高校等构成的多元化合作模式,总体上大同小异。

在美国的产学研合作中,大学处在十分关键的地位。一方面,大学与政府密切合作,依托政府的引导和支持参与科学研究与开发并服务社会。另一方面,大学与企业采取多种形式积极合作,校企共同提出研究课题,企业直接应用成果并产业化。美国各级政府和社会各方(甚至个人)都给予了大学强有力的资金支持,如联邦政府、州政府都设有专门资助产学研联合项目的基金、企业与个人的捐赠与投入、地方政府和社区经费支持等。这就使得美国的高校和科研院所引领了实体经济中一大批高、精、尖技术和产品的研发及生产,这是美国产学研合作非常突出的特点。当前,美国的产学研合作已出现新的动向。在以科技中心计划(STC)为代表的新一轮政府引导计划中,政府的作用进一步增强、作用范围进一步扩大,研究、教育和知识转移活动的集成成为新的关注重点,已初步实现了"集成创新"的目标。同时,在经济全球化的背景下,政府、大学、企业及社会民间组织也正积极参与全球范围内的产学研合作,产学研合作全球化特点日益突出。

英国产学研合作模式的共同特点是使成果在产生的源头上就有明确的市场需求,从而确保研发出来的科技成果能够顺利地得到应用,最终使参与计划的合作各方共同受益。在英国产学研合作模式中,政府起到关键作用,主要表现为制定专门的产学研合作计划,通过政府的研发基金来调节科研机构和企业的研发行为。强调对产学研合作绩效的评价，并强调在一个项目中同时完成开发和转移两个步骤，以此提高合作成功率和科技成果转化率。此外，政府还在税收方面做出了有利于创新企业发展的各种规定。

日本的产学研合作属于典型的政府主导模式。日本政府在其产学研合作中起到至关重要的作用。政府积极引导，把产学研合作上升到基本国策的高度，通过立法和经济援助等方式引导企业和大学开展合作。政府为消除产学研合作过程中出现的种种障碍，不断酝酿和推出了一系列改革措施。日本科技振兴机构在推进产学研合作方面也发挥了重要作用，它通过开展委托开发、创新技术开发研究、专利化支援等方式推进日本的产学研合作。此外，日本还十分注重培育能促成高校和企业合作的氛围、文化及环境，使之既能联合攻关，又能联合培养高技能科研专门人才。（孙文，2011）

我国大约于1985年开始引入产学研合作教育模式，而且更多是在研究生的培养教育层次，现有的研究生培养"产学研"合作教育模式大致有以下几种（涂亚庆等，2011）。

1) 工学交替。将研究生在校学习的时间分为理论学期和实践学期。研究生理论学期在校内学习，实践学期到校外工作。具体实施的如"2+1"模式，即研究生前两学年在学校进行理论学习，第三学年到企业或用人单位进行工作实践。

2) "订单式"培养。在创设订单教学基础条件后，制定"订单式"教学内容、实施方法及考核方式。这些均围绕订单企业用工岗位的职业要求展开，以实现校企供需的零距离"无缝对接"。

3) 共建实习基地，研究生顶岗锻炼。以签订"共建教学实习基地协议书"等方式，学校积极创造条件与企业共建教学实习基地，增加研究生接触社会与生产实际的机会。

4) 分散式合作教育。发挥研究生的主观能动性，由研究生自找门路，寻求多领域、多形式的社会实践机会。

5) 校内合作教育。构建以校办企业和校内实习基地为主的集成创新环境，引导研究生通过实习与实验教学环节、第二课堂、科技活动及社团活动等把课堂上学到的知识付诸实践，加以深化和巩固提高。

6) 科技园模式。该模式主要是通过某一优势学科或学科群，通过创办科技产业园，融产学研于一体，实现产学研结合，让所在学科的研究生参与其中，促进科技成果转化为生产力。这类科技园如北京的中关村、北大方正、清华同方等。

7）校企合作研究与开发。利用校内资源，与企业共建联合研究室或技术开发中心。研究生参与校企联合开发项目，或在毕业设计（论文）期间深入生产实际或应用实践，实现校企双赢。

8）以科研项目为载体的合作教育。研究生参与导师的科研项目或直接承接政府部门的科研项目或企业及用人单位的研究课题，以项目为直接驱动，有利于提高研究生解决实际问题的能力。

从创新能力培养的角度来看，1）～5）侧重于提高学生的实践动手能力，难以达到实际意义上的创新能力培养，同时推广起来亦存在一定的障碍。6）要求学校有很强的科研实力和自主创新能力，但从人才培养的角度来说，由于能参与的学生有限，大多数地方院校不具备这种模式的培养条件。相比之下，采用7）和8）的途径并辅以必要的社会生产实践则更易推行，效果也更好。但是在这两种模式中企业参与的部门和人员较少，任务性和时间性较强，资源整合程度不够，不太可能实现研究生创新能力培养资源的优化配置和最大利用。

第三节　国内外有关产学研合作动力的研究述评

根据对国内外近30年文献的研究，企业进行产学研合作的主要目的是获取以下四个方面的资源：①人力资源，包括训练有素的高校毕业生和知识渊博的专家、学者；②技术资源，如开发新产品所必需的基础研究和应用研究成果、特定问题的解决方案、技术咨询与服务；③教育资源，如员工培训；④设备资源，如大学和科研机构的先进科研设备（张波，2012）。

学研机构与企业合作的动机可归纳如下：①筹措科研经费；②获取市场信息，了解现实问题，以便有针对性地从事符合经济需要的研究活动；③提高科研效率，包括节约成本和时间；④获得专利，增加科研成果；⑤获得成果转化的条件（如中试），开发新产品，成立衍生公司；⑥增加学生的实践和就业机会。

但由于高校、科研院所一般只重视成果的鉴定，不重视市场挖掘，高校、科研院所的研究方向与企业的需求不能真正吻合，利益不能趋于一致等现象普遍存在，产学研合作仍处于松散型状态，没有形成真正健全有效的合作动力机制。这在一定程度上限制了产学研合作向纵深发展。

产学研合作动力机制缺乏的原因主要包括：①科技评价目标不一致。由于评价机制的原因,长期以来科技成果的社会效益比经济效益重要,"名利价值"显得非常突出,忽视科研成果后续环节的处理,人为降低了科研成果的经济效益。②合作各方的科技成果的价值取向不一致。主要表现在企业单纯为了引进而引进,自身的研发团队和能力没有得到发展,技术水平简单停留在引进水平,没有形成增值创新;企业自身技术力量薄弱;企业对国内外科技水平对比和市场情况的认识不足。③中介机构的力量薄弱。近年来,我国科技成果中介服务从无到有,中介机构有了一定的发展,但大多功能单一、机构不健全、提供的信息实效性差或缺乏准确性,而且中介方的地位及权益难以得到保障,导致高校和科研机构的很多成果找不到需求者而无法实现转化。同时,企业也找不到合适的科研人才来研究。④产学研合作资金短缺。资金短缺直接导致部分科研人员和高校、科研机构不选择向工业化生产领域转化,而是进行小规模生产,甚至束之高阁不去转化,造成了科研成果有效供给不足。另外,高校和科研机构能向企业提供的通常仅是单向的技术和产品,不能满足企业大规模生产的成套技术和装备要求。(游文明等,2004)

第四节 国内外有关产学研合作障碍的研究述评

国内外关于产学研合作障碍的研究并不多,并且观点大同小异。学者们主要从以下四个方面提出了论述。

一、行政体制上的约束

企业是完全的市场经济组织,按照市场经济规则运行,即自主经营、自负盈亏。高校是事业单位,其中公办高校每年都有大量的财政资金下拨,企业和高校的发展目标及社会对它们的评价模式有很大的区别。企业的目标是营利,所以持续的技术工艺和产品的创新是它们实现营利目标的主要路径。高校更看重学术声誉,高校之间的竞争与企业之间的竞争有本质的不同。企业之间的竞争关系到企业的生死存亡,高校之间的竞争只是发展快与慢、强与弱、好与差的区别,根本不涉及高校的生死存亡问题。因此,高校进行科研活动的动力,既没有企业强,也没有企业急迫。长期在计划体制下运行的中国高校,缺乏对特定企业熟悉且能满足其创新具体需求的人才,这就使得企业和高校结对难。即使结了对,有些高校虽然通过协议等方式与企业建立了合作关系,明确了各自的责任、权利和义务，但合作中双方往往不能履行各自的责任和义务，有些合作不久便不欢而散，双向参与、互助互惠、紧密依存、长期合作的良性运行机制难以建立起来。还有一些产学联办的经济技术实体形同虚设，无实质合作成果。（张俊和李忠云，2007）

二、财政投入上的不足

财政投入上的不足主要有两方面。一是政府财政资金投入不足。根据发达国家研发经费投入的历史来看，现阶段我国政府公共财政投入应该在研发经费投入中占主导地位。我国在改革开放以后，随着对创新发展重要性认识的不断深化和国力的不断强盛，各级财政投入科技的费用（常狭称为科技三项经费）逐年提高。但同样主要是因为认识不到位的原因，专门用于支持产学研合作的经费却相对较少，这就使得我国企业成为实际上的研发投入主体。二是多头管理，浪费了不少人力、物力。在推动产学研结合上，国家发改委、科技部、教育部、交通部等部委都有相关机构和专项资金，但部门间推进产学研结合常常互不通气，缺乏沟通协调和统筹安排，工作并没有形成合力，往往造成本来就匮乏的技术创新要素设置分散、交叉、重复和浪费。

三、高校管理上的缺陷

首先，收入分配机制的缺陷。学校与院系、集体和个人间的利益分配关系不明确。对于研发及产学研结合取得重大成果者，没有科学合理的收入分配激励机制，多劳多得和重奖突出贡献者的原则没能得到体现。其次，职称评定改革滞后。现有的职称评定政策没有突出鼓励产学研结合，高校学术评定重获奖、轻研发，重论文、轻实践，重个人、轻团队，重学术成果、轻经济社会效益。再次，高校评价管理制度也严重滞后于现实经济社会发展的实际需要。

四、配套政策上的不完善

全国和各地区有利于促进产学研结合的、操作性强的中观和微观政策少；对知识产权、成果转化收益等合作成果的分享缺乏明确可操作的规定；对协议的履行缺乏有效的监管，高校科研院所在国有投资体制下对产学研合作的投入、企业投入后与国有持续投入的法律关系、产学研合作的社会信用体系有待完善；系统的、有针对性的财税和金融支持政策需要研究制订，产学研机构中的合作方人员的身份、职称认定也缺乏相关规定，相关配套政策缺失或者不完整，可操作性不强（张曼平，2009）。

产学研合作中，高校的积极性和效率问题尤为重要，在国家、地方的鼓励和支持下，高校开展了很多卓有成效的工作，取得了令人瞩目的成绩。但是，当前我国科技成果转化率不到20%，产业化水平不到5%，而发达国家技术转移高达40%~50%（马德秀，2010）。在高校内部还存在很多与开展产学研合作不相适应的因素，造成科技成果堆积严重，转化率亟待提高。校企产学研合作仍存在认识差异、机制障碍、沟通不畅等弊端。要促进校企产学研合作必须做到：第一，加大宣传力度，营造良好氛围，号召高校教师在推进科技转化的实践中实现自身价值；第二，以适应经济发展为导向，完善评价激励机制，实现高校教师服务社会与个人发展相结合；第三，发挥政策优势，实施引智计划，吸引科技人才集聚企业共谋发展；第四，组建校内产学研服务机构，提高服务质量，为广大教师参与产学研保驾护航；第五，集中资源，打造科技合作大平台，推动产学研向高水平迈进（陈秀珊，2011）。

第四章 产学研合作的体制机制研究

任何经济活动效率的高低，都与相应的管理体制和运行机制之间存在密切联系，产学研合作也不例外。在产学研各个主体的相互关系中，高校和科研院所的学术开拓和实用性开发是产学研合作的基础；企业是科研成果得以产品化、商品化的终极实现者，是驱动产学研合作并取得实效的主体；而政府是产学研合作软环境和部分硬环境的提供者，是推动产学研合作向深度和广度发展不可或缺的力量。本章的基本思路是从国内外产学研体制机制的经验借鉴入手，分析我国现阶段困扰产学研发展的体制机制因素，提出相应的改革思路，构建符合我国国情的产学研合作体制机制。

第一节 产学研合作体制机制的内涵及其构成

一、产学研合作体制机制的内涵

产学研合作体制是指在产学研合作过程中，由政府、企业、高校、科研院所结合而成的管理体系，主要涉及相关各方在合作中所处的地位、职责、权限和利益界定及由此所形成的制度、政策体系。

产学研合作机制是在既定产学研合作体制框架下各个合作主体相互联系、相互作用、相互制约所形成的运行原理和整体功能。

体制和机制是不可分割的有机统一体。一方面，体制决定着机制，机制总是依赖于相应的体制而存在并发挥作用，有什么样的体制就有什么样的运行机制，体制的合理与否决定了运行机制的效率高低；另一方面，机制反作用于体制，机制效率的高低反映着体制的完善与否，高效的运行机制需在体制的不断改革和完善中逐渐形成。

二、产学研合作体制的构成要素

一个行之有效的产学研合作体制至少应包含以下四个方面。

（一）产学研合作的主体及其在合作关系中的地位、作用及其责任和义务界定

根据产学研合作的理论与实践，合作主体是构成产学研合作的基本因素。

产学研合作一般存在三个可能的内在主体：一是企业，二是高校，三是科研机构，或者是其中的某两个。企业既是创新研发的重要参与者，也是科技成果转化为现实生产力的、能够反映市场需求的基础力量，是科技成果产品化、产业化、市场化的终极实现者。高校和科研机构是当今中国科技创新人才最集中的地方。尽管高校和科研机构的侧重点不同，但它们都是科技创新的中坚力量，社会绝大多数的技术和发明都来自高校和科研机构。高校和科研机构的科技创新能力、水平和效率直接决定和影响着产学研合作的结果，当然也决定和影响着一个地区乃至一个国家的科技创新能力和技术进步速度。

（二）政府宏观指导和协调产学研合作的组织体系

根据国内外产学研合作的实践，政府虽然不是构成产学研合作的主体，却是产学研合作体制中的重要组成部分，扮演着极为重要的角色。政府是产学研合作的"润滑剂"。由于教育、科研和企业分属于不同的行业或部门，存在所有制结构和投资结构的不同，其原有内部管理体制和运行机制也有差异，如果没有政府从中加以指导、协调，单纯依赖市场本身的力量很难将其有效地结合起来，这就需要依靠政府这只"看得见"的手调集社会资源，调动产学研各方积极性，促使生产要素有效组合，以达到促进科技成果转化、发展经济的目的。政府必须利用其强大的组织协调能力和政策优势，从宏观上指导产学研合作发展的方向，从微观上协调和促进。总之，政府是产学研合作正常运行所需软硬环境的提供者。

除了政府之外，中介机构也是促进产学研合作良性发展不可或缺的重要力量，发挥着黏合剂的作用。中介组织作为现代市场经济体系的重要组成部分，在产学研合作中，通过其媒介职能有效地传递市场信息和技术，能够降低合作各方寻找信息的交易成本。

（三）产学研合作的法律法规体系

市场经济是法制经济，完善的法律体系是产学研合作的基本保障。产学研合作的法律体系主要包括两个层面。第一，与产学研合作成果相关的法律法规体系，主要包括知识产权保护方面的法律，如《专利法》、《著作权法》、《科技进步法》、《促进科技成果转化法》等。第二，与产学研合作关系相关的法律法规体系，主要包括《公司法》、《经济合同法》、《技术合同法》等。必须指出的是，各种法律法规的执行和落实在某些时期比法律法规本身的制订更难、也更为重要，只有全社会崇尚诚信，坚持有法必依、违法必究，才能维护法律法规的尊严，才能真正推动和保护产学研合作的长期规范发展。

(四) 支持产学研合作的政策体系

政策是推动产学研合作发展的重要工具。合理的政策体系应该包括以下四个方面：一是产学研合作投入及投入激励政策；二是促进产学研合作的财税和金融支持政策；三是促进人才进入产学研合作，鼓励人尽其用、人尽其才的人力资源开发政策；四是产学研合作专门组织机构或联合体的培育和保护政策。

三、产学研合作机制的基本内容

产学研合作的运行机制主要包括激励机制、约束机制和协调机制。

(一) 激励机制

激励机制是一切经济活动的发动机。产学研合作的动力来自于两个方面。一是内在激励，这一系统的运行原理是产学研合作各方内在存在的对潜在目标、效率和利润的追求。一方面，高校和科研机构需要通过技术成果的转化或其教育和科技资源优势的发挥来实现其自身及其人才存在对社会的贡献和价值，实现人才培养和能力提升的目的，实现以研促研、以产养研的良性循环；另一方面，企业需要利用高校和科研机构技术创新成果，通过不断创新的技术成果的产业化来实现其经济效益最大化，提升企业核心竞争力和实现发展转型。正是这种对各自目标的追求，才使得产学研各方形成互惠互利的利益关系，从而使合作成为必要和可能。但是如果合作各方的利益分配制度不合理，则这种因利益而产生的合力会变成分力，最终导致合作的失败。二是外在激励，这一动力系统主要由政府提供。政府为了推动产学研合作的发展，通过制订和执行各种优惠政策——财政政策、金融政策和各种物质的或精神的奖励政策来激励产学研各方共同合作，以达到优化配置教育、科技和其他生产要素资源，提高科技创新能力的目的。实践证明，这一动力机制对产学研合作各方都非常重要，在产学研合作初期发展阶段尤其如此。

激励机制形式多样，主要包括三种类型。

1) 股权激励。企业和学研机构以产权为纽带合作建立股份制企业,产学研各方将各自拥有的资金和技术等资源加以整合,将合作创新活动完全纳入企业组织内部进行。在产权和合作各方的责权利明晰、企业的法规健全、运行正常的情况下,合作效益主要体现在产学研各方对各自投入资源后合作产出的精神(如专利享有、科研奖励等)和物质(如经济效益)按合同或股份的再分配上,只要处理得当,如让拥有核心创新技术和知识的人才拥有恰当的股份,就会激励其对产学研合作的创新做出更大贡献。

2) 高校科研院所的科研创新激励机制。高校不同层次的科研人员对激励有不同层次的需求,处于不同层次的人员应获得相应层次的激励。激励要面向全体科研人员和有特殊才能的科研管理者,不能仅仅注意对科研拔尖人才、优秀学术骨干的激励,也不能仅仅注重对资历较深的科研人才的激励。高校科研院所科研激励机制成功的关键是通过调查发现每一种类型创新人才的能力、水平、动力和可能的贡献,并设定合适的目标(该目标必须是通过努力可以达到的)通过科研创新激励机制的设计,挖掘其科研潜力。

3) 政策激励机制。市场机制的激励作用有限,需要借助政府行为来发挥激励功能。政府可以综合发改委、经信委、科委、教委、人事、财政、税务、工商等多个行政部门的职能,通过专项扶持、平台支撑、税收优惠、融资保障、信誉表彰等经济和行政的系统配套、组合协调的政策倾斜,形成鼓励和帮扶产学研合作的政策环境,从而最大限度地发挥政策激励与引导作用,使企业随着产学研合作过程获得市场优势并尽快将其转化为竞争力,高校和科研机构有效获得创新动力,以推动科学研究和技术、产品研发,提高整个社会的创新能力;政府还可通过设立技术创新风险基金、建立产学研合作奖励基金等办法激励产学研的深入合作;政府通过人事制度改革,建立有利于产学研合作发展的人才流动机制,使人才以顺畅的渠道和低廉的成本在企业和高校及研究单位之间流动;等等。

(二) 约束机制

产学研约束机制是指对产学研合作各方的经济行为加以规范和制约,使之符合合作各方利益和预期目标的各种规章制度的功能。激励机制的作用在于激发合作主体参与创新活动的积极性、主动性,但如果单纯有激励而无约束,那么合作主体就可能为了自身的经济利益而选择损害他人利益的投机行为,从而使合作走向无序乃至失败,为此必须有相应的机制加以约束。

约束机制也分为内在约束和外在约束。产学研合作的内在约束包括合作各方在组建和运营产学研合作实体的过程中所达成的各种协议或合约,包括公司章程、合作条例、各类合同等。这些约束机制主要表现为诚信机制和风险约束机制。

诚信机制是内在约束机制的重要组成部分,也是合作的基础。在产学研合作中,高校与科研院所在技术研究领域从事的工作相对较多,而企业从事市场开发与研究成果产业化的工作较多,由于信息不对称,高校与科研院所可能将技术风险转移到企业,企业可能将市场风险转移给高校与科研院所,相互之间缺乏诚信的结果只能使合作各方的利益遭受损失,以合作失败而告终,而且还极易给市场和社会带来损伤,为此在合作中应当重点考察合作伙伴的诚信问题。如果合作各方缺乏彼此之间的信任感,将会浪费精力在各方的监督上,而不能全心投入到项目研发中,影响项目进度和合作效果,因此应当选择具有诚信精神的合作伙伴进行联合研发。对可能出现的失信行为,合作各方在开始合作时要有一定的研判和约定,在失信行为发生之初,就能启动机制予以扼制,并给失信行为的作为方一定的惩戒或处罚,以避免失信行为持续和扩大。政府作为第三方和管理方,也应设计相应的政策,对产学研合作各方及合作体外各种可能的失信行为予以制衡。

风险约束机制是产学研合作的重要内在约束机制。产学研合作的核心是科技成果的推广与转化。科技成果转化高风险和高收益并存。通过建立产学研合作的技术创新利益与风险共担的责任制度,实现分层次、分阶段分解风险责任。既然风险客观存在,就必须建立风险预警机制,对风险可能出现的时机、种类、危害及风险的防范和控制,要有及时识别和应对各种可能风险的防控措施的系统设计,要有风险防控启动程序的设计。对各个可能出现风险的环节,尤其要注重决策过程的科学和谨慎原则,利益分配上应实行谁承担风险大谁受益多的方案。为了产学研合作的顺利实现,必须同时建立风险责任制度,控制人为风险,约束联合各方共担风险。技术原创阶段的风险主要由技术供给方,即学研方承担;转化过程的技术风险应视情况由双方有区别地共同承担;生产管理中的经营风险则主要由技术吸纳企业承担。建立风险责任制度的基本目标应当是有效地约束联合各方共担风险责任,并为了一个共同的利益目标——技术创新项目的最终成功而合作到底。

外部约束是产学研合作必备的约束机制。主要通过国家制定的各项法律法规,对合作中出现的各种违法、违规、违约行为加以事先预警、事中监督和事

第四章 产学研合作的体制机制研究

后追究处罚。

(三) 协调机制

产学研合作是科研、教育、生产不同社会分工系统在功能与资源优势上的协同与集成化，是技术创新上游、中游、下游的对接与耦合，其实质是促进技术创新所需各种生产要素的有效组合。由于产学研各方在创新体系中所处的位置不同，其运行的规律也有差异，任何一个环节的阻滞都可能使合作走向失败，因此需要协调机制发挥其功能。

协调机制也可分为内部协调机制和外部协调机制。前者主要表现为产学研各方在合作过程中根据情况变化不断互通信息、互相协商的行为及责任调整；后者表现为政府通过政策变化和行为指导来发挥协调职能，各种市场中介组织也能在产学研合作中发挥协调作用。

第二节 国内外产学研合作管理体制机制借鉴

一、发达国家的产学研合作体制与运行机制

综合考察发达国家的产学研合作体制，尽管因国情差异存在不同的体制架构，但在以下几个主要方面是一致的。

(一) 产学研合作的宏观指导与协调机构

产学研合作既涉及产学研之间的合作关系，也涉及有关部门之间的合作关系。因此，不少国家成立了部际协调机构以更好地推进产学研合作。美国政府设有国家科学技术委员会，统筹协调科技战略与政策，其下属九个协调委员会负责协调各部门、科技界和产业界利益，各地方政府也都设立了专管产学研合作的机构。英国政府原来并没有设立统管全国的科学技术部门，科技工作和产学研方面的合作早先是通过国家企业部 (The National Board) 来管理的，后由政府各部门分散管理，给政府决策和管理带来诸多不便。20世纪90年代以后，英国政府加大了管理力度，1993年成立了以科学部为首，由政府、科技界和工业界著名人士组成的国家最高科技决策咨询机构——科学技术委员会，由6位有影响的企业家分别担任6个研究委员会的兼职主席，以密切工业界与科技界

的合作，让企业直接参与科研决策活动。英国政府通过对科技管理机构的一系列调整，强化了它的宏观管理。意大利于1996年成立了国家科研与创新政策部际委员会，由总理直接领导。该委员会专门下设由教育、大学与科研部副部长领导，总理府秘书长和相关职能部门代表参加的工作小组，提供包括促进产学研合作方面的政策咨询。澳大利亚有两个最重要的科技管理和决策机构：总理科学、工程和创新理事会（PMSEIC）与科学技术协调委员会（CCST），这两个机构是跨部门的非常设机构，其中总理科学、工程和创新理事会是澳大利亚最高科技决策机构，由联邦总理任主席，由与科技创新和教育有关的内阁部长及有关机构的非部长级高级执行官任委员。该理事会每年召开两次会议，就重大科技问题向政府和议会提交有关科技和创新方面的咨询报告和政策建议报告。科学技术协调委员会主要负责解决跨部门之间在科技创新政策、计划和项目方面的协调与配合问题。该协调委员会由教育、科学与培训部副秘书长任主席，有关内阁部的副秘书长级官员任委员，举行不定期会议。德国和法国的产学研合作同样得到各级政府部门或政府资助的组织机构的支持，而日本则主要通过政府科学技术厅和通产省发挥重要的导向作用。（刘力，2002）

（二）以立法形式奠定产学研合作的制度基础

制度建设是产学研合作体制的重要组成部分和基础。为了给产学研合作提供坚实的制度基础，一些发达国家均在推进产学研合作的过程中制定和颁布了一系列法律法规。美国是产学研合作创新立法最完善的国家。《拜杜法》（1980年）规定，联邦政府资助取得的研究成果归承担单位所有；承担单位可以以专有或者非专有方式授权给企业，进行技术转移；研发成果的运用必须符合美国企业优先选择。《史蒂文森—威德勒技术创新法》（1980年）的宗旨是促进技术创新，支持技术转移，加强和扩大大学、科研机构与产业界之间的技术转让和人员交流。《国家合作研究法》（1984年）允许两家以上的公司共同合作从事同一个竞争性研发项目，而不受《反托拉斯法》的限制。日本的《大学技术转移促进法》（1998年）支持大学成立科技中介机构，允许大学教师兼职技术转移工作和以技术入股或投资。《研究交流促进法》（1998年）鼓励国家研究机构的研究人员到民间企业参加共同研究，国立研究机构的设施、设备向民间企业研究人员开放，接受他们参加协作研究项目，促进产学官各机构在人、物及信息方面相互交流与协作。法国的《技术创新和科研法》（1999年）的宗旨是促进公共研究机构与企业界的合作与交流，加快科研成果转化，鼓励科研人员创建高技术企业，营造有利于技术创新的政策环境。这些国家通过制度的建立和完善为产学研合作创新创造了良好的法治环境，明确了产学研合作在国家创新体系中的地位，确保了产学研合作主要政策措施的落实。（谢晋浩等，2008）

(三) 支持产学研合作的政策体系

西方发达国家在法律框架下采取了相应的政策推动产学研合作创新的开展。一是产学研合作投入政策。近年来，随着科技进步在经济和社会发展中发挥的巨大作用在世界各国达成共识，各国均在不同程度上纷纷加大对研发投入的力度，并通过科技计划有针对性地支持产学研合作活动。二是促进产学研合作的财政和税收政策。财政和税收政策是政府支持研发活动开展的重要杠杆，近年来这一政策工具的运用也越来越倾向于专门针对产学研合作的活动。例如，法国科研税收信贷政策对产学研合作产生很大影响。科研税收信贷是指企业第一年用于研究与发展开支的50%可以免税，以后每年增加投资的50%可享受免税。根据科研税收信贷政策，凡是研究开发经费年增长率为50%的企业均可享受科研税收信贷。三是促进人员流动政策。一国科技和经济竞争力的提升取决于是否拥有一个灵活、生机勃勃的国家创新体系，而产学研之间人员的有序流动，包括跨国界的流动是从根本上保障创新体系效率的关键。日本、丹麦、法国、德国等均出台了详尽的措施促进产学研之间的人员流动。例如，法国鼓励公共研究机构的科研人员向企业流动。根据《创新与科研法》，教师、研究员、工程师、博士、技术人员或行政人员都可以参与转化其研究成果的企业的创办工作。他们可以毫无风险的以协作者、经营者或领导者的身份进入新的企业。在企业工作一段时间以后，他们可以自由选择回到原公共研究单位或留在企业工作。研究人员离岗或借调，原单位仍保留其公职，在企业工作的期限最长可达6年。在创办企业初期，企业创办者的原单位仍将负担其工资。四是产学研合作专门组织机构或联合体政策。为促进产学研结合的效率提升，很多国家纷纷采取建立专门机构和联合体的方式，从组织机构和制度建设上推进产学研合作。美国的合作研究中心、芬兰的国家技术发展中心及瑞典的能力中心等均是这方面的典型范例。

(四) 支持产学研合作的基金

发达国家支持产学研合作的重要手段之一，就是有的放矢地设立多种基金拨款进行资助。其主要有六种方式。①项目基金，即根据国家经济发展计划的重点和高新技术领域的重点，确定相应的研发项目，并纳入国家预算中给予重点资助。例如，美英等国在创办工程研究中心时就采用这种作法。②匹配基金，即政府与企业以1∶1或一定比例，共同资助产学研合作项目。③种子基金，即政府认准某项研究成果具有较大的潜在市场价值，便提供一定的创办性资金，帮助其进行技术开发和市场推广。各国建立企业孵化器就是为了使高新技术及产品脱颖而出，达到孵化的目的。④风险基金，即对那些可以产生重大技术突破，但又存在较大风险的研究与开发项目，在企业界不敢问鼎的情况下，由政府出面承担风险，予以阶段性资助。⑤青年基金，即向年轻有为的科研人员提供资助，鼓励其从事与企业发展相关的研发工作，为产学研合作做出贡献。⑥转赠资产，如美国采取将国家拥有的一部分财产出售，以其收入资助大学、科研机构与企业的合作的方式。美国国家科学基金会会在查实有重大经济效益的产学研合作项目在关键时刻经费短缺时，拨出专款支持他们进行到底，实现商业性应用。总之，发达国家非常注重采用财政手段，通过国家的各种基金来支持产学研合作且行之有效。

二、国内发达地区产学研合作管理体制机制——以北京、上海为例

我国产学研合作尚处于初级阶段，由于国家政治经济体制的特点，我国的产学研合作具有更加突出的政府推动特征。自"九五"计划开始实施产学研合作以来，各地政府鼓励并推动该地区企业、高校、科研院所三方进行产学研合作。北京和上海是我国科技资源最集中的地区，其区域创新与促进创新资源整合的能力在全国也处于领先地位，与此相应，其产学研合作管理体制也较为完善。

(一) 推动产学研合作的政策体系

20世纪90年代后期以来，北京和上海相继出台了一系列涉及产学研合作的政策性文件，截至2007年分别多达38个和60个，涵盖科技计划、科技进步与创新、科技成果转化和高技术产业化、企业技术创新、创新基金与财税政策、知识产权管理、中介机构管理、科技计划管理等产学研合作工作的方方面面。其中，推动产学研合作的专项优惠政策主要有三个方面。①设立专项资金支持产学研合作。北京设立了市级中小企业创业投资引导基金，优先支持创业投资

机构对产学研联合创新项目进行投资；创业投资引导资金以一定的比例和风险投资机构联合投资，与风险投资机构共担风险，政府投资基金部分所获投资，则让利给联合投资的创业投资机构。上海设立了产学研专项资金用于支持产学研公共服务平台建设、产学研联合建设实验室和工程中心、企业购买高校和科研院所的技术创新成果、科研机构从事行业共性技术研发和服务等。②税收优惠。北京规定企业与高校和科研院所技术合作产生的收入可享受免征营业税的优惠。对于技术转让及在转让过程中发生的技术咨询、技术服务、技术培训的所得，且年净收入在30万元以下的，免征企业所得税。上海规定对企业委托高校、科研机构等进行技术开发和科研试制所发生的费用，允许企业列入技术开发费用；对转制为企业的科研机构，5年内免征企业所得税和科研开发自用土地、房产的城镇土地使用税、房产税，政策执行到期后可再延长2年；对技术转让、技术开发和与之相关的技术咨询、技术服务获得的收入，免征营业税，通过政府购买服务等方式，支持科技中介机构和技术经纪人的发展。③政府采购。北京规定市级政府采购向产学研联合创新产品和服务倾斜；市科委会同有关部门制定政府采购自主创新产品认定办法并认定自主创新产品；市财政局制定政府采购自主创新产品政策时，对纳入政府采购自主创新产品目录的企业牵头的产学研合作创新所获得的产品和服务给予优先考虑。上海规定对纳入自主创新产品目录的产品，在本市财政支出和政府投资的重大工程建设中给予优先政府采购；在国家和地方政府投资的重点工程中，国产设备采购比例一般不低于60%；企业或科研机构生产或开发的试制品和首次投向市场的产品，具有较大市场潜力并符合政府采购需求条件的，政府或采购人可直接进行首购和订购。

（二）科技计划

北京、上海都实施推动产学研合作的科技计划，把科技支持的重点放在以企业需求为导向的产学研合作项目上。以北京为例，2007年提出的"科技工作主题计划"，明确规定要支持以企业为主体、产学研联合开展技术创新。市科计划每年安排不少于50%的科技项目经费用于支持企业牵头开展产学研联合创新，并鼓励企业通过招标、委托研发等形式将承担的计划任务与高校、科研院所进行产学研合作创新。市科委设立的科技型中小企业技术创新资金，在同等条件下优先安排给企业牵头的产学研联合创新项目。北京市自然科学基金和市科委"基础研究"专项资金以不低于20%的比例重点支持企业联合高校、科研院所在农业、环境与资源、能源、人口与健康等领域开展基础研究,在电子信息、生物医药、新材料、航空航天等领域开展前瞻性、先导性和探索性的前沿技术研究。

(三) 产学研合作平台的搭建

搭建产学研合作的平台是政府相关部门的重要职能。平台建设一般有两个层面,一是产学研合作发展的信息平台,二是促进产学研合作的技术平台和综合性平台——科技产业园区。

北京的"科博会"、上海的"工博会"是层次较高、影响较大、内容丰富的产学研合作信息的交流平台。在北京,通过市场化和组织化的运作,进行了一系列有效整合科技条件资源的尝试,搭建起了首都科技条件平台,如基因组研究平台、生物芯片技术平台、转基因技术平台、干细胞研究平台、北京农业育种基础研究创新平台、清华科技园公共测试平台等,为产学研合作提供了良好的条件。在上海,2003年由市科委牵头组织建立的"上海研发公共服务平台",2004年已完成十大特色共享服务系统框架的构建,各系统可独立运行而又相互依存,环环相扣构成完整的科技创新创业服务链。这个平台涵盖研发基础条件、公共技术服务、成果转化服务、管理决策支持和网络服务支撑五大功能,全面支撑上海提升自主创新能力,也为产学研合作搭建了很好的平台。科技产业园区是促进产学研合作的重要平台。北京有16个科技园,如北京清华科技园、北京科技大学科技园、北大科技园、北京中关村科技园等以高校或高新技术产业集群为主创办的科技园区。上海科技园的建立也是以高校或高新技术产业集群为主,有上海电力科技园、上海张江科技园、上海宝山科技园、上海同济科技园等10个科技园。

(四) 中介服务机构的发展

到2007年年底,北京地区的科技中介机构已经达到9000多家,相关协会160多家,各类专业服务中心500多家,从业人员18万多人,涉及技术转移、科技咨询、孵化器、大学科技园、创业投资、技术产权交易、科技招投标等10多个领域。其中,年服务收入在5000万元以上的科技中介机构有近百家;年服务收入过亿元的有近10家。上海咨询协会成员单位业务基本涵盖各个领域。2005年年底建立的上海现代服务业联合体首批已拥有72家会员单位。上海科技中介服务业中，最具效力的主体是公共科技中介机构，主要包括上海市科技咨询服务中心、上海科技创业中心、上海浦东生产力促进中心、上海技术交易所、上海专利商标事务所、国有科技情报机构，以及经市级有关部门批准的建设项目环境保护技术评估中介权威机构等。上海建立了专门的产学研办公室，组织建立了16个产学研结合工作示范点，及时总结经验并推广，多次召开全市性产学研联合工作大会。

第三节 产学研合作主体的相互关系与合作体制机制

一、不同合作体制机制下产学研各主体的地位、作用及其相互关系

产学研合作从体制角度，按照各个主体在合作中的地位和职能不同，可以大致划分为两种类型：一种是以企业为主体的产学研合作；另一种是以高校或科研机构为主体的产学研合作。

（一）以企业为主体的产学研合作体制及其运行机制

以企业为主体的产学研合作是指在科学技术转化为生产力的过程中，由企业来主导科技活动与经济活动的结合过程。其实质是以企业为龙头主持基础研究、应用研究、开发研究、产品创新和新产品市场营销等。作为科学技术的创造者和科学技术转化为生产力的创新者，企业既是研究的主体又是生产的主体。在产学研合作过程中，企业始终处于核心和主导地位，决定着创新运行的全过程。但是，受自身科技研发能力的限制，企业并不能完成技术创新的全过程，必须吸引高校和科研机构参与自身的产品开发和市场开拓，才能增加市场竞争优势，实现企业的目标利润。

以企业为主体的产学研合作的体制框架及其运行机制可用图4-1来展示。从图4-1可以看出，在以企业为主体的产学研合作关系中，企业处于核心地位，在合作对象的选择、紧密程度及利益分配方面占据主动地位，也承担最多的风险；高校和科研机构作为积极参与的角色加入到企业的研发中，辅助企业的技术创新；政府的角色主要是提供一些政策支持和知识产权保护方面的政策和法律环境；社会中介机构积极发挥作用，提供资金、技术、信息等方面的各种服务。（柳卸林和潘铁，2008）

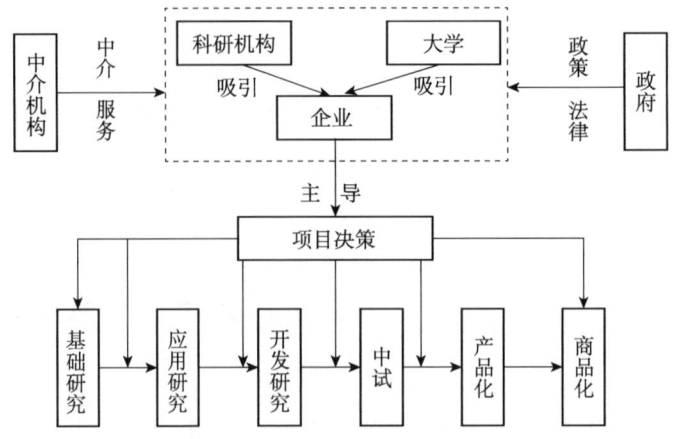

图4-1　以企业为主体的产学研合作体制框架及其运行机制

以企业为主体的产学研合作，意味着产学研相结合应该以企业的价值标准为基础，以企业的利益实现为目标，企业对产学研合作的选择不受外在因素的干扰。企业在产学研合作中的主体地位主要体现在以下五个方面。第一，企业的产学研合作决策具有自主性。企业在产学研合作过程中的决策是独立的，不能被任何个人、组织和团体所代替。它具体表现在企业能够自主选择适合自身发展目标和市场需求的合作项目、合作伙伴及合作协约。第二，企业是产学研合作的投入主体。在整个产学研合作创新的过程中（如最初的研发、中试、生产、试销到最终的产品上市），企业的投入始终占据主导地位，企业负责项目的筹资、投资活动并承担相应的风险。第三，企业是产学研合作的研发主体。企业在研究开发的整个活动中，要把握其产业化方向。从产品设计、原材料选择、生产方式到项目选择、项目管理，企业在研究开发的每一个阶段都应该参与，以保证研究开发紧贴企业的技术能力、符合企业的需要。第四，企业是产学研合作的利益分配主体。一方面，在完全履行产学研合作的利益分配协议后，企业有权对其所获收入进行自主分配；另一方面，企业可以在合作研究的基础上，对合作的研究成果申请专利以进行必要的保护。第五，企业是产学研合作的风险责任承担主体。在产学研合作创新的过程中，企业将对其所涉及的市场风险、技术风险、资金风险、决策风险、管理风险等承担主要责任。

（二）以高校或科研机构为主体的产学研合作体制及其运行机制

以高校或科研机构为主体的产学研合作是指在科学技术转化为生产力的过

程中,由高校或科研机构为主要力量来实现科技活动与经济活动的有机结合。在该体制下,整个技术创新的过程都在高校、科研机构的主导下进行。高校、科研机构以其科技活动及成果为主导,构建从基础研究到应用研究、从应用研究到开发研究、从开发研究到技术成果的产品化、从技术成果的产品化到技术成果的商品化、从科技产品的设计到中试、从中试到投产,直至形成产业并占有市场的全部流程(图4-2)。高校和科研机构凭借其自身具有的知识和人才优势,直接参与企业的技术创新,帮助企业将技术投入生产,形成生产能力。(柳卸林和潘铁,2008)

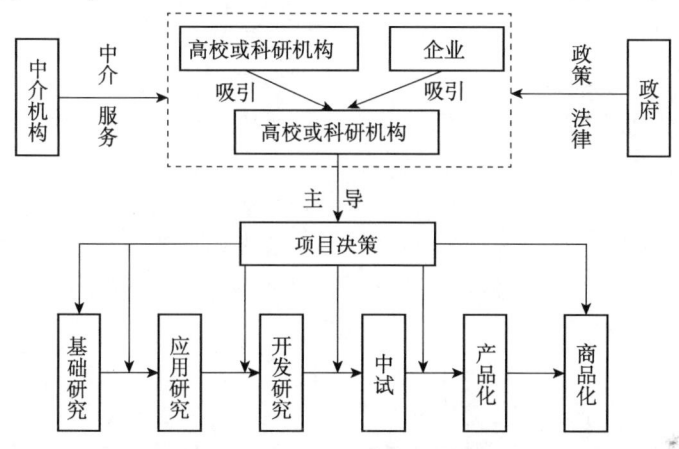

图4-2 以高校或科研机构为主体的产学研合作体制框架及其运行机制

在产学研合作创新的整个过程中,高校或科研机构始终处于主导地位,直接决定着产学研合作的研发内容和合作对象,独立承担技术研究与开发的风险,并享有利益分配方面的优势。高校或科研机构既是科研的主体,也是生产的主体。企业只是作为高校或科研机构实现其市场化目标的载体和实践场地。而政府和中介机构等组织所发挥的作用则与以企业为主体的产学研合作模式中发挥的作用基本相同。

二、我国现行产学研合作体制机制存在的问题

近年来,我国各地在促进产学研合作发展的过程中,初步构建了与当地实际相适应的产学研合作体制机制,并取得了一定的成效。然而,产学研合作在我国起步较晚,无论在实践中还是理论研究上都还处于摸索阶段。随着产学研

合作在发展，产学研体制存在的一些问题也逐步显现出来，制约了产学研合作在深度和广度方面发展。

（一）仅以高校或科研机构为主的产学研合作体制制约了产学研合作的发展空间

我国现阶段的产学研合作主要表现为以高校或科研机构为主的合作，这一体制的形成主要有两个原因：一是我国企业特别是中小型企业的资金规模小，技术研发基础薄弱，难以在产学研合作及其成果转化中充当大任；二是我国科技人才主要集中于高校和科研机构，科技创新实力雄厚。这种科研实力上的悬殊，再加上传统体制的制约，使得高校或科研机构在产学研合作中居于优势地位，由此形成的产学研合作体制使协调产学研合作各方的政府在产学研合作体系中的定位出现了问题。在实际的产学研合作运行过程中，存在着科技成果转化率低、大量的科技资源浪费等问题，突出地表现在两方面。一方面，企业对技术的有效需求不足，产学研合作创新的动力不足。在我国现阶段知识产权保护很不到位的条件下，企业自主研发周期长，收益率又往往小于仿冒、盗版和引进技术（后者的风险远低于前者），因此，企业并没有将技术进步的重点放在产学研合作上，而是重引进、重模仿、轻创新，重视短期效益而忽视技术支持和人员培训。另一方面，技术的有效供给不足。长期以来，我国科技成果的"价值"都是单纯以获得国家经费数量、发表论文数量、参与人学术地位高低、所获奖励级别和数量来确定。这种科技评价体系对论文成果所产生的经济价值的重视程度不足，对教师在应用项目的选题中起到了误导作用，致使教师和科研人员热衷于发表论文，科研不是面向市场需求，而是单纯追求学术价值和地位。由此产生的成果或不具有市场领先性，或不具备规模化生产的可行性，或缺少必要的服务支持，或只是单向的技术和产品，难以满足企业对成套技术和装备的需求等。市场价值的缺失造成科技成果的有效供给不足和科研的低水平重复，出现科技成果"滞销"现象。

可见，在产学研合作中，技术的需求动力严重不足，技术的供给不能有效地满足市场的需要，导致技术需求和技术供给不能有效对接、知识流动不畅，从而造成大量的科研成果堆积在高校、科研机构一方。另外，科技成果转化率低、大量科技资源配置效率低下、社会经济效益有限也严重制约了产学研合作的发展。

（二）合作各方缺乏诚信

诚信是影响产学研合作效率的关键因素，但现阶段我国社会经济发展中浮躁风气重，市场经济完善和发展最必需的诚信环境缺失，假冒伪劣盛行。许多企业尤其是中小型企业诚信度低，很多企业内部还没有形成一种与诚信相关的良好企业文化，企业内部本身缺乏诚信，更遑论外部的诚信。现实中许多企业单纯考虑有形利润，将产学研合作的目标不是放在双赢，而是放在以最低的成本获取他人的关键技术上。诚信的缺乏严重阻碍了国内产学研合作的发展，导致了产学研合作的短期化和效率低下。

（三）促进产学研合作的制度和政策法规体系尚不完善

1）我国在知识产权保护体系建设上还不够完善。一是对侵权行为的惩罚力度不够。法律规定的侵权赔偿额较低，难以起到威慑作用；部分地区执法不严，某种程度上存在地方保护现象；执法机构的执法水平和力量有限，国内只有少数法院具有较高的专利案件审理能力。二是缺少维护知识产权公平竞争的反垄断措施。知识产权制度通过授予知识产权所有者一段时间的排他性权利，换取其公开技术，促进社会利用创新成果。知识产权保护制度是柄双刃剑，适度保护将促进技术创新，过度保护将导致垄断，因此，需要相应的法律制约滥用知识产权的垄断行为。三是知识产权权属政策缺乏系统性，制度建设滞后，如知识产权权属政策存在重雇主轻发明人，重保护轻扩散等问题。

2）产学研合作所需政策法规不到位。产学研合作是各自隶属于不同的管理部门的独立单位之间的合作，它们牵扯面广，涉及教育、企业、科研及政府管理部门之间各种利益关系。因此，需要完善的政策和法规来规范和协调各方关系，保证合作的成功。就目前而言，我国还缺乏一套较为完善的政策和法规来保证产学研合作的顺利进行。

第四节　构建高效产学研合作体制机制的基本思路

一、根据研发创新类型的不同，分类选择合适的产学研合作体制

以企业为主体和以高校或科研机构为主体的产学研合作体制，都是基于

在产学研合作中主体作用不同而进行的分类。不管选择何种产学研合作体制，最终都是为了使科技成果尽快转化为生产力，实现社会经济效益，使科技为社会服务。因此，产学研合作体制的选择和适用范围，就应根据具体的合作项目、合作伙伴、技术特性、利益分配方式、风险责任承担等来确定。

对于基础研究领域，高校、科研机构具有人才、设备、知识等方面的资源。在研发活动中，高校、科研机构占据了主导地位。对于企业，只有那些大型跨国或大型国有企业才比较关注基础研究，多数企业并不具备从事基础研究的实力和条件。所以，对于基础研究，以高校、科研机构为主体的产学研合作模式就比较适合。对于应用研究和产品开发领域，企业凭借对市场的把握和在生产、财务、营销、管理等方面的优势，其研发机构开始逐渐加入到产学研合作的研发活动中，并争取在研发活动中占据主动，其地位也不断上升。所以，对于应用和开发研究，建立以企业为主体的产学研合作模式就比较适合。

二、培育和支持企业自主研发的能力和主动性，逐步在应用研究和产品开发领域建立以企业为主体的产学研合作体制

针对我国现阶段企业自主研发能力偏弱和研发主动性不强的情况，政府应当制定相应的政策加以改善和矫正。

（一）调整现有的财政和金融政策，加大对企业自主研发的支持力度

在应用研究和产品开发的资金投放上，把支持重心逐步转移到企业研发，鼓励企业把技术进步的重点放在产学研合作的自主研发上，尤其是对于一些核心技术，政府应在更大程度上支持企业与高校和科研机构的联合攻关。

（二）加大对知识产权的保护力度，坚决打击侵犯知识产权的各种行为

通过打击知识产权犯罪，保护企业自主创新的合法权益。提高企业违法成本，迫使企业将技术进步的注意力集中到自主创新上来。

（三）大力发展有利于企业为主体的产学研合作的各种平台和服务体系

构建信息平台，使企业及时掌握各类科研创新的前沿信息，使高校和科研

机构及时了解企业自主创新中所遇到的各种难题,以便于为产学研合作奠定基础;制定优惠政策鼓励科技中介服务机构的发展。

三、深化高等教育和科技体制改革,提高高校和科研机构参与产学研合作的积极性和主动性

构建以企业为主的产学研合作体制机制,需要从以下方面努力消除产学研合作体制机制中的阻碍因素,从而为促进产学研合作发展开辟新路。

(一) 建立对高校和研究机构工作的多元评价体系

建立鼓励高校和科研机构智力工作人员积极参与产学研合作的多元评价机制,可以极大促进他们参与产学研合作的积极性。理论学科、基础学科和应用学科应该采用不同的教学培养和实践机制,改革以论文发表数量和引用数量作为唯一评价机制的现象。有关主管部门应当改革对重点学科、科技创新平台(基地)的考核评估指标体系,坚持基础研究与应用研究同等重要、科技创新与成果转化同等重要的原则,彻底改变重数量指标,忽视实际创新贡献的做法。国家重点学科、国家重点实验室和国家工程(技术)研究中心的考核应当强调其实际的创新贡献,无论是基础研究方面的原创性贡献还是应用研究方面对经济社会发展的实际支撑作用,都应当得到同样的承认和尊重,特别是应用性强的学科领域的创新平台更应该瞄准实际的应用目标。在对高校和科研机构的管理中,无论是对教师、科研人员还是对学科、团队的考核评价,都应给予横向合作项目和实际的社会经济效益予以充分关注,切不可歧视应用研究和横向合作。

(二) 走产学研合作道路,培养"对路"的人才

大学生就业是当前社会最受关注的问题之一,在现行模式和体制下培养出的学生往往不符合企业需要,不能解决实际问题。因此,高校在人才培养上不仅要紧密关注人才市场需求的变化及趋势预测,而且要尽可能与企业或其他用人单位建立合作培养关系。这样做既符合社会对于大学生需求结构变化的要求,又把人才培养与用人单位的具体需求直接挂起钩来,培养"对路"的人才,提高高校学生的就业率和就业质量。对于工科大学的学生培养,可以采用产学研

合作的培养模式，从课程设计、课后实践、研究模式等入手。

（三）建立产业技术创新战略联盟

产业技术创新战略联盟的出现，是产业发展到一定程度和水平的标志。目前来看，产学研联盟的出现是一种有效的尝试，是对以往产学研合作模式的创新，使产学研合作从随机性和浅短性走向稳固性、长效性、集成性、深层性，有利于形成共性技术、构建大平台，从而使我国的产学研合作迈上跨越性的台阶。高校在其中扮演着重要角色，是重要的智力和技术基石。联盟实现了成本、风险最小化和利益最大化的目标，是整合资源、降低成本、实现整合效应的一个好选择，对以往高校产学研合作存在的知识产权不清、利益不明是一个保障，有利于保护高校参与者的利益。这对于经费筹措相对较难、中试难以独立完成的高校是一个好的选择。

第五章 产学研合作在西部经济社会发展中的重要性和紧迫性

第一节　产学研合作是建设创新型国家的迫切需要

一、产学研合作是提高企业研发能力和技术创新能力的迫切需要

（一）企业获取创新思维、成果和人才，增强企业核心竞争力，转变发展方式的快捷路径

我国是制造业大国，虽已具备很强的制造能力，但仍然不是制造业强国，总体上还处于国际分工和产业链的中低端，根本原因就是企业创新能力不强①。一些自己没有研发机构和创新人才的企业通过开展引进、技术合作、合资等工作实现技术进步只能暂时解决与先进企业的技术差距。当前和今后相当长的时期内，国内外的市场需求与市场环境持续变化，企业所需的原材料、能源和劳动力供应持续趋紧、节能减排的刚性要求和生产成本的持续上升，倒逼企业转变生产和发展方式。只有探索和实践基于创新的内生增长机制和发展路径，才能增强企业创新能力，加快改造、提升传统产业。企业直接参与市场竞争，对新技术、新产品最敏感。唯有掌握一批具有自主知识产权的核心关键技术，我国才能实现由"中国制造"走向"中国设计"、"中国创造"，在激烈的国际竞争中抢占优势地位。在高新技术制造业与现代服务业融合发展、高新技术产业与传统产业转型升级联动发展的今天，技术创新是企业成功转型的关键，企业的技术创新急需创新思维、成果和高端人才，但企业在自主开展技术研发和创新过程中普遍存在科技力量不足、研发投入低、研发机构少、创新能力薄弱等困难。高校、科研院所融知识传承、知识传播、知识创新于一体，企业同高校、科研院所以技术合作、利润分成、技术入股、有偿服务、共建技术开发中心等多种形式实现紧密融合，把高校、科研院所的技术、知识引入企业，促进企业技术人员素质的提高、产品的战略储备、产业结构的升级，使企业在较短时间内用较少的投入获取创新思维、先进技术成果和高端人才。企业与高校、科研院所紧密结合，能

---

① 胡锦涛、温家宝在全国科技创新大会上的讲话．http：//www.gov.cn/ldhd/2012-07/07/content_2178574.htm［2012－07－07］

有效发挥企业、高校和科研院所的集成优势,开展联合攻关,解决技术难题。建立以市场为导向、企业为主体、产学研用一体化的技术创新体系,选择创新方向和技术路线,组织技术研发、产品创新、利用和转化科技成果,通过综合配套措施形成促进企业转型升级的合力,将大大节约科研成果转化的时间和成本。

(二) 促进全社会科技成果向现实生产力转换、提升创新效率的最优体制设计

随着经营环境的不确定性加大,产品更新节奏加快及市场竞争加剧,客观上要求缩短科研成果转化为新产品的周期。产学研用的密切合作,由于充分发挥了高校、科研院所和企业的各自优势,互通信息、密切合作、协同攻关,大大提升了科研成果的转化率,实现了科研成果的研发孵化产业化,有效解决了科研成果转移转化效率不高这一老大难问题。主要表现为以下两个方面。一方面,促进了国家投资建设的科技资源(如大型科研仪器设备、科技文献、科学数据等基础平台)向企业开放,支持企业研发新技术、新工艺。作为技术研发的公共平台,企业根据自身发展需要,提出明确的技术开发需求,将项目设计和开发事宜全权委托高校或科研院所,高校或科研院所为企业量身定做、定向开发,投入生产后即可转化为现实生产力。另一方面,国家投资的科研活动所获得的成果信息,可以最大限度地向社会开放,在较短时间内让高校和科研院所研发的科技成果,以一家或多家转化的方式,尽快使成果应用全面铺开,产生规模经济效益。当今世界,美国的经济雄踞世界之首,不仅因为它已经拥有了十分先进的科学技术,更是因为其高等教育与科技、产业的紧密结合,使先进的科学技术能及时转化为生产力,高产出、高效益、集约化发展成效显著。如今,世界各国纷纷借鉴美国的"斯坦福—硅谷"模式,我国自20世纪80年代第一个高科技园中关村园区建立以来,在一些大的地区和城市相继建立了高新技术产业开发区,推动了高校、科研院所、企业和政府建立有效的合作关系,加速了产学研的结合,促进了科技成果转化,产生了良好的经济效益和社会效益。截至2010年,中国共有这类拥有现代产业集群的国家级科技园区近90个[①]。除了"中国硅谷"——北京的中关村信息服务业,还有"中国光

---

① 中国高科技园区迈向新时代 [EB/OL] . http://www.sina.com.cn/it/2010 - 11 - 10/19114851336.shtmi [2010 - 11 - 10] .

谷"——武汉的光电子、"中国药谷"——上海张江的微创医药研发等。它们都以各自密集的高校、科研院所和高新技术企业为核心,在政府的大力支持下,形成相互支撑、协同作用的国家级自主创新示范区,成为知识经济发展的原动力。进入21世纪以来,以创新和创业为标志、以新型"政产学研用"为模式,中国高科技园区进入"二次创业",成为当前和未来中国经济增长方式转型和建设创新型国家的核心力量(黄英杰,2012)。

(三) 建设创新团队和开展重大项目攻关的重要载体

现代高等教育的使命不仅是教学和科研,更应与科技、经济、文化事业等融合发展,提高国家整体创新能力和竞争实力。高校、科研院所不但是我国基础研究和高新技术领域原始创新的主力军,而且是解决国民经济重大科技问题、实现技术转移、成果转化的主力军。高校、科研院所承担的一项重要任务是以促进经济和社会发展为方向,调整自身的办学目标和科研方向,提高自主创新能力和产业竞争力,促进经济社会全面协调和可持续发展。产学研合作促进了高校、科研院所、企业的科研资源共享,将科研资源转化为生产要素,搭建公共研发平台,构建产业联盟,培育跨学科、跨领域的科研与教学相结合的团队,增强聚集、辐射、带动功能,对区域经济发展起到了直接拉动作用。由于长期实行计划经济,我国有这样一个基本国情:一方面,为数众多的传统企业没有自己的研发机构和创新团队,另一方面,对高校和科研院所的评价也并不看重成果的转化生产和市场占有。这就导致了产学研各方能用于创新的资源不能得到有效整合,经济社会发展转型缺乏有效载体。近年来,我国发展较快、较好的城市、科技园区都在高校、科研院所和企业的合作研发、合作攻关、合作生产中取得了大的突破。以有"中国硅谷"之称的中关村为例,它聚集了以联想、百度为代表的高新技术企业近2万家,其核心区拥有以北京大学、清华大学为代表的32所高等院校,206个国家及北京市的科研院所,67个国家重点实验室、55个国家工程中心或工程技术中心,100多家大学科技园、科技企业孵化器、留学人员创业园等各类创业孵化服务机构。另据资料显示,在天津市实施的四批80项自主创新产业化重大项目中,由高校牵头和重点参与的有32项;"十一五"期间,天津高校技术开发和转让6100多项,交易金额达45亿元;2008~2010年,天津高校科技服务为企业创造经济效益118亿元(吴刚,2011)。毋庸置疑,在产学研结合促进科技成果转化的过程中,高校、科研院所和高科技企业所拥有的重点科研创新基地与科技创新平台,吸引了一批善于组织研发和成果转化的科技企业家，一批学科或技术带头人，一批拥有科研成果、研发能力较强的海外留学归国人员，这些高层次人才在知识创新、技术创新、国防科技创新和区域创新的重大项目攻关中做出了重要贡献。

二、产学研合作是高校和科研院所增强服务经济社会发展能力的迫切需要

（一）高校和科研院所转变人才培养模式、提高人才培养质量的根本要求

全球化背景下，国家与国家间经济竞争中最核心、最本质的是人才的竞争。高校和科研院所是人才培养的主体，承担了培养高素质、高层次人才的核心作用，是知识经济时代推动社会发展的核心力量。《国家中长期教育改革和发展规划纲要（2010~2020年)》指出，"提高质量是高等教育发展的核心任务，是建设高等教育强国的基本要求"，意味着高等教育发展的重点从规模扩展的外延式发展向质量提升的内涵式发展转变。长期以来，我国的高等教育由于受传统的学科教育范式影响，普遍采取以理论知识传授为主的重教材、重教学、多灌输、轻能力的教学模式，大学生的实践意识和创新能力较为缺乏，与欧美等发达国家的学生相比仍然存在较大差距。我国的高等教育尚不能完全适应经济社会发展和国家对创新型人才培养的需求，已是不争的事实。21世纪，创新成为全球经济发展的主要驱动力。世界各国都把培养具有创新能力的高素质人才作为高等教育改革的主要目标。基于知识标准的变革，教学实践知识获得了与理论知识平等的地位，提升人才培养质量的核心是要转变人才培养模式，不仅要向学生传授知识和技能，更重要的是培养学生掌握应用知识和技能的方法、能力。例如，强化产学研合作，建设实训场所、校内外实践基地和职场化教学环境，推行仿真实训、模拟、案例等教学方法和任务驱动、项目导向、理论与实训一体化的教学方式，做到理论学习与实际应用及创新的统一、知识学习与校外实践教学及实际操作的统一，激励和引导学生在学习过程中获取知识、训练思维、培养能力、发展个性，强化学生的自主学习能力、创新实践能力，形成创新意识和群体协作的团队精神等。

(二) 高校和科研院所找准服务地方经济着力点的关键环节

以产学研结合不断增强区域技术创新能力是当今世界主要发达国家作为优化科技资源配置、提高创新要素效率的主要战略路径。高等教育围绕市场需求"转"，以学科建设和协同创新为重点，主动提升科技创新能力，这是现代高等教育发展的重要方向。当前，在中国从欠发达国家向中等收入国家转变、从工业经济向服务业经济和知识经济转变的过程中，高等教育正在从社会的边缘进入社会的中心地位，担当起"适应、促进和指导社会发展的作用"，高校和科研院所作为知识创新的平台，逐渐承担起在国家创新体系中的重要使命。科研资源转化为生产要素，搭建公共研发平台，构建产业联盟，对于区域经济发展起到了直接拉动作用。例如，北京大学、清华大学、浙江大学、武汉大学等一批国内知名高校和科研院所不仅积极推进科技与教育相结合的改革，促进科研与教学互动、科研与人才培养紧密结合，还主动与大型骨干企业密切合作，研发自主知识产权的核心技术，打破国外的技术垄断和国际品牌的专利封锁，并拥有了自己的高科技园区和高科技企业孵化器，以谋求科技成果向现实生产力的转化，为中国高新技术产业集群的建设和发展做出了巨大贡献，并获得了良好的经济效益、带动了地方经济发展。不少地方高校则密切关注市场经济发展动态，积极推动与行业企业需求相结合的人才培养，强化并不断完善"校企结合"、"科教结合"、"工学结合"、"内外结合"的办学模式。企业参与高校人才培养方案的制定、资助实验室的建设，并为学生岗位实践提供场地及推荐毕业设计应用课题，为毕业生提供就业机会。为充分做好与市场的对接，增强学生创新精神和创业能力，高校与大型企业联合设立实训的生产岗位和专为培训设置的企业培训中心，与中小型企业联合，让他们提供实际的生产岗位和成立跨企业的联合培训中心，保证学生能在企业进行经常性的实习和技能培训。产学研的深度合作，使高校不但为企业提供优秀人力资源的支持，同时还成为了企业科技成果的孵化器与辐射源，实现了区域创新能力的显著与持续提升。例如，2009年以来，天津市实施科教兴市计划，围绕支柱产业不断加大科技投入，实现重点学科建设与经济建设主战场的对接，校企间以市场为导向、以项目为载体、以技术和资本为纽带，组建了中新生态城、现代中药、软件和IC设计、半导体照明、创意产业、移动信息服务等6大产学研联盟、8个滨海新区技能型紧缺人才培养基地及7个科技创新团队。天津市已经成为全国构建高校产学研联盟长效机制的试点地区之一（吴刚，2011）。

(三) 高校和科研院所促进学科融合、培育新兴学科的主要路径

21世纪，科技与产业融合发展的趋势日益加快，社会需求在促进学科交叉融合、调整专业布局中的引导作用日益明显。高校、科研院所通过与企业联合培养人才，共享科研成果，不断加强与社会，特别是行业企业的联系、交流与合作，从中获悉经济技术发展信息。例如，优化产业空间布局，推进产业技术升级、培育新兴产业、发展新材料新工艺、发展循环经济、推进节能减排、加大资源利用保护等，影响和促进电子信息、生物医药、先进制造、能源环保等新兴学科的交叉与融合。高校和科研院所应瞄准市场需求空间，动态调整学科专业，结合产业升级重点办好特色专业，优化学科专业结构，促进学科建设的发展，培育跨学科、跨领域的科研和教学团队，才能使其学科建设、人才培养、科技创新更好适应国家经济建设的需要，提升人才培养与创新服务能力。

第二节　产学研合作是提升西部地区核心竞争力和经济社会发展水平的必由之路

对西部地区来说，当前和今后相当一段时期，产学研合作有特殊的重要意义。

一、西部高校和科研院所以经济社会发展需要为导向、融入区域创新体系的重要渠道

西部地区的特殊性在于，由于区位、自然条件、发展基础和人文环境的限制，该地区的企业以承担生产任务为主，国有企业多、资源开发和装备制造的重化工业比重大、企业规模小、人才储备少、创新能力弱、产品更新慢、市场占有率低。同样，由于区位的原因，在我国长期执行计划经济和"备战、备荒"的体制背景下，国家在西部地区布局了若干高校和科研院所。这些高校和科研院所中不乏优秀者，他们的学科门类较为齐全，其中不少还是某个行业的龙头院校或院所，具有较强的师资和科研队伍，有比较突出的创新研发实力。但在西部大开发实施之前，西部地区的企业与高校、科研院所的联系相比东部不够紧密，这就让我们白白闲置了这种潜在的资源优势。我们应该充分认识到，正因为西部地区经济社会发展水平不高，企业要在激烈的竞争环境中求生存、

求发展,就更需要打造企业产品的持续优势,其核心是技术开发与技术创新能力。在相当长的一段时期,西部地区企业可以视高校和科研院所为地区技术创新的主力军。而在区域创新体系中,要高校和科研院所能为企业技术创新提供支持和服务,促进技术、人才等创新要素向企业需求流动,就需要行业、企业和高校、科研院所联合组建技术研发平台和产业技术创新战略联盟,合作开展核心关键技术研发和相关基础研究[①]。只有产学研有效和多模式、全方位地合作,才能实现技术创新上游、中游、下游各环节的有机对接和融合,通过政策环境优化、科技成果转移、技术入股、创新外包、联合攻关、合作研发等形式,构筑以经济社会发展为导向、企业为主导、高校和科研院所联合互动的战略性、长期性和紧密性的创新体系。在这一体系中,高校和科研院所的研发团队和科研活动在区域创新发展中的作用是不可低估和替代的。西部地区拥有如西安交大、四川大学、重庆大学等一批"985"、"211"的著名高校,并形成了一定规模的大学群,在区域创新体系中具有重要的引领和支撑作用。西部地区的高校根据经济社会发展需要,立足于学科专业特色和优势,建立了与企业联合培养人才,共享科研成果,以及与产业、区域经济紧密结合的成果转化机制,对西部区域经济建设和社会发展起到了推动作用。随着知识经济时代科学技术作用的不断增强,西部高校和科研院所必须积极主动地强化校企联合意识,加快高校科技成果转化和产业化步伐,为技术创新体系建设提供有效的支持,主动服务经济发展方式转变和产业转型升级,为实现区域经济社会又好又快发展、参与全球中高端竞争提供强大动力。

二、西部地区整合人力资源、发挥后发优势、推进西部大开发的必然选择

西部地区经济增长方式比较粗放,科技创新能力较弱,资源能源环境约束趋紧,大量消耗土地、廉价劳动力等要素资源的发展方式已难以为继,必须从依靠土地资源与政策优惠转向以人力资源开发、创新驱动与内生增长为主的发展道路。加快西部地区产学研合作步伐是西部地区整合人力资源和产业发展后发优势的必然选择,主要体现在以下五个方面。一是西部迫切需要加大人力资

---

① 关于深化科技体制改革加快国家创新体系建设的意见. http://www.stdaily.com/special/content/2012-09/24/content_ 522155.htm [2012-09-24]

源开发力度,提高劳动者的素质,引进和应用先进技术和先进管理制度、管理方式,只有依靠高素质的劳动者,才能发挥应有的优势。二是迫切需要改变人才资源的封闭管理体制,建立开放、竞争、流动的用人机制,支持科技人员在企业与高校、科研院所之间双向兼职和流动,支持他们创新、创业,特别是创办科技型中小企业。三是应当汇聚和利用已有的优质资源和人才基础,形成开放的人力资源配置方式和培养模式,通过产学研结合,将专家、教授、研究员、工程师、企业家、政府官员等,每一位人才输送到其最能发挥作用的学科专业和岗位中去,实现人尽其才、人尽其职,充分发挥出人才资源的群体效应和拔尖人才的示范作用,打造集聚人才、激励企业技术创新的平台,从根本上打造西部大开发和西部地区可持续发展的基础环境。四是西部地区虽然拥有强大的科技能力和巨大的科技存量,但对区域经济发展的贡献还没有发挥出来,这是由于科技成果转化的机制不成熟,科技资源得不到合理地配置和充分利用,造成了科技的优势和经济的落后,必须尽快建立以服务市场需求和提升创新能力为导向的科技评价和科技服务体系,引导高校、科研院所与企业共建合作创新平台,将高校和科研院所的知识和科技优势尽快转化为产业优势,提升区域创新能力,推动区域经济增长。五是西部地区拥有的丰富自然资源,尤其是土地、能源、矿产和生物等资源在全国有明显优势,但这些资源大都属于传统资源,具有"大批量、少品种"的特点,难以满足越来越个性化的消费需求,再加上替代产品的出现,资源优势有逐渐减弱的趋势,但是通过对资源产品技术含量的提高,既可以满足多样化的需求,又可以增强由于独特的地理环境所形成的资源产品的不可替代性,形成特色资源优势的后发优势,从而实现跳跃式发展,使西部地区获得更大发展和上升空间。

三、西部地区吸引产业转移,引进和培养高端创新人才,促进经济社会协调发展的基础平台

当前,国际国内产业分工深刻变化,我国东部沿海地区产业向西部地区转移步伐加快,西部地区面临新一轮西部大开发的战略机遇,积极主动地承接国内外产业转移,已成为西部地区加快经济发展方式转变、加速新型工业化和城镇化进程、促进区域经济转型和协调发展的必经之路。西部地区依托资源丰富、要素成本低、市场潜力大的优势,以市场为导向,与东部地区开展基础设施、生态建设、环境保护、特色农业、矿产资源开采利用、重大装备制造、现代服

务业等领域的合作，有利于加快产业结构调整，促进产业优化升级，带动区域经济发展（国务院办公厅，2010）。但西部地区承接产业转移还存在着诸多不利条件，如西部企业从整体上看，由于生产方式较为落后，自主创新能力不足，因而在承接产业转移，消化吸收和本土化技术工艺，拾遗补缺和延长引进产业和产品的产业链等方面存在诸多问题。据统计，西部地区企业的专利优势远不如高校和科研院所，无论是申请受理量还是申请授权量，高校和科研院所都占有极大的比重（80%以上），这同时反映了西部高校和科研院所在知识创新、技术创新方面的雄厚实力（朱恪孝，2010）。因此，西部企业技术创新主体地位目前还没有确立，迫切需要培养科技创新创业人才队伍，形成有利于技术创新和科研成果转化的机制和平台。

　　西部地区实现提升产业整体实力、经济转型升级的关键不仅在于是否拥有有形资产，如物质与资本，而且在于是否拥有掌握先进科学技术的高素质的人才，从而为参与全球中高端经济竞争奠定扎实基础。当前，软件服务外包业务需求很大，欧美等国都有大量软件外包业务向我国转移。承接这种业务受运输条件、固定资产投资和土地资源条件的约束较小，主要依靠一定的人力资本。西部地区高校和科研院所众多，科研资源丰富，科技实力雄厚，因此有条件承接高新技术产业转移。西部地区积极推进和强化产学研合作，既能为西部地区承接产业转移提供必要的人力资源和智力支持，为提高集成创新和再创新能力创造条件；又能引进和培养适应国际竞争的需要，培养能适应和融入国际社会、在国际舞台上有所作为的高层次人才；更能为高层次人才搭建创新、创业平台，吸引具有国内或国际领先水平的，拥有自主知识产权、市场前景好的应用性科技成果来西部地区转化。

第六章 中国高校产学研合作的困难和障碍分析

当前，国内外宏观经济形势比较严峻，整体经济下行压力加大，经济发展必然要求转变经济增长方式，认真分析并遵循市场经济发展的规律，切实加强产学研合作是当前经济发展转型的必然趋势。从长远看，国际政治和大国集团关系纷纭复杂，虽然我国仍可能较长时期处于黄金发展的战略机遇期，但外部势力对我国崛起的警惕、怀疑、对抗、摩擦会加剧，国际市场竞争会更加依赖高附加值、高技术的创新产品。而国内各个领域的改革也已进入深水区，资源环境约束不断加剧，经济发展和社会发展、经济体制和社会结构休戚与共的关系要远远紧密于过去三十余年，我国经济发展的波折和困难的出现会更加频繁。要想像过去三十多年那样保持经济的持续、快速和优质的发展，必须另辟蹊径。既然我们已经认识到产学研合作对我国发展转型的重要意义，就有必要找出阻碍这种合作形成和保持良性发展的困难和障碍，并努力加以克服。

产学研合作进程中各行为主体有其行为模式和需求，结合他们各自的发展特点及其所处的社会环境，可以分析出产学研合作实践中还面临着的诸多困难和障碍。

第一节　产学研合作各方的理念认识滞后与社会环境制约

理念是指思想意识和价值取向。我国现阶段教育界、科技界和企业界普遍存在科技创新合作理念滞后的问题。由于现有政治、经济、文化、科技、教育等体制的制约，高校、企业和科研院所长期以来处于一种相对自我封闭、自我发展的状态，相互间缺乏积极主动合作创新的理念。下面主要从产学研合作的各行为主体方面进行简单分析。

一、企业在产学研合作中的理念

从企业角度看，无论是国有、民营还是大中小企业都普遍存在技术创新理念的偏差，认为自主技术创新成本高、周期长、风险大，因而多热衷于技术工艺模仿的短期效应；即使一部分企业重视自主创新，其目光也仅限于利用自有的科技资源来搞研发，很少积极主动地去寻求社会联合科技攻关。在市场经济社会实践中，企业将市场效益放在首位，技术突破是开拓市场的手段与途径，因此企业要兼顾产品成本、产品的市场化。即使是取得技术突破，如果生产成本高、无法大批量投产，企业也会放弃这个项目，不会有合作的动力和信心。

二、高校和科研院所在产学研合作中的理念

高校和科研院所虽然也重视科技创新，但他们更看重科技创新的学术评价。而学术评价多在学术圈内进行，鲜有产业界人士参与。因此，他们的科技创新在很大程度上也是各自为战、闭门造车，很少关注其研究成果与市场需求的差异性和结合度，很少利用企业现有的技术、工艺、设备和人才去进行创新，不重视与企业生产和市场需求的实际联系。高校将科技突破做为科研重点，研发的目的是推动学科发展、多出原创性成果，在研制过程中重视追求学术指标，缺乏市场观念，忽略成本价格。更突出的是高校还存在一个理念偏差，即认为大学是自由追逐学术价值的地方，不应该过多参与社会经济实际活动。现阶段仍有不少高校教师仍习惯于自我封闭在"象牙塔"内，一味地偏向于追求所谓纯粹的学术价值，看不起与企业的横向合作，认为横向项目水平不高、不够档次。在高校和科研院所的学术水平评价体系中，没有行政级别的横向项目的研发成果和在一般期刊发表的学术论文通常会被认为层次较低。这就导致忽视实际的创新贡献，不了解市场的状况，导致高校的科技创新活动不能很好地贴近市场需求、科技成果转化率不高。高校和科研院所的研究成果与企业需求严重不匹配，多数科技成果仍处于基础研究和实验室阶段，距离市场较远，无法实施产业化生产，与企业期盼的科技成果能够快速进入市场并产生经济效益的要求严重不匹配，造成技术研发成果与实际生产脱节。

三、政府在产学研合作中的理念

从政府角度看，产学研合作的各方行为主体主要是企业、高校和科研院所，政府在产学研合作实践中只起鼓励合作行为的作用，不起具体的引导和支持作用，不发挥主导地位。尽管政府早已意识到扶持和鼓励产学研合作的重要性与迫切性，但在实践中却并没有主动探索产学研合作的需求机制、激励机制、保护机制、管理机制与运行机制。

第二节　企业在产学研合作中的困难与障碍

一、缺少中介服务机构和服务体系

企业在产学研合作中最突出的问题是缺少中介服务机构和健全的中介服务体系，难以搜寻好的、与自己企业需求对路的原创技术、研发人员和研发机构，并难以对技术的有效性和成熟度进行有效评估，这给企业在产学研合作中带来许多无法回避的问题。近50%的被调研企业认为，在产学研合作中缺乏有效的信息互动和沟通平台，企业无法掌握高校与科研院所最新的技术研发成果和技术专家，寻求技术研发的途径有限（宋思根和程思思，2010）。

社会服务体系不健全，缺乏科技中介机构，不利于科研成果的转化和扩散。目前我国缺乏专门从事科研成果推广、转化的中介机构和中介人员，专门协调产学研各方的中介机构更是凤毛麟角。我国现有的科技成果转化的途径一般是会议、新闻出版和专利买卖等，覆盖面窄、效率低。这种既缺乏相应机构、人员，又没有有效途径的情况阻碍了合作成果的推广和应用（李英和刘夏斐，2010）。

清华国际技术转移中心主任谭鸿鑫（吴迪，2007）认为，中介机构不健全导致的问题存在于两个方面。一是政策导向不明朗。高校、科研院所的导向与企业的导向完全是两种方向，前者重视学术水平，后者注重营利。各个层面都没有把中介机构的重要性真正落到实处，都是"雷声大雨点小"；此外，评价的体系也不明确。科研院所如何评价？自然大家都认为当教授名利双收，而科研院所做科技成果转化的人多数是被边缘化的。还有我们的一些领导喜欢关注大项目，而在美国要求科研经费中的0.5%用于技术转移。实际上，美国从科研经费的源头就配有经费，而我们的政府没有明确政策支持。另一方面是技术商业化过程中主体不清。技术成果转化难就难在整个技术商业化过程中主体不清，现在是大学说了算，过两天就是企业说了算。应该说，从对经济驱动来讲应以企业为主体，但源头却是在大型的高校和科研机构。科技成果从一个基础科学研究到变成一个产品的过程中经过了很多阶段，有的是直接在高校里面完成的，有的还要经过孵化（在这个过程中有时是企业进入得早一些，比如说共建联合研发中心）。目前，没有一个固定的产学研合作模式，只能根据不同的领域、根据不同的技术特点而定。因此，建立完善的中介服务机构体系是非常重要的。

二、企业与高校在合作中存在不同价值体系

在产学研合作进程中,因为企业与科研机构,特别是高校的价值体系不同,一些产学研合作"重形式、轻内容",产生了许多难以消化的"夹生"技术,这必然造成科技成果转化率低。高校更注重理论创新,企业更注重市场应用。高校实验室的研制成果从小试到中试再到最后的产业化之间往往会出现断层,高校的研究往往偏重理论而实际操作性不足(宋思根和程思思,2010)。目前我国许多科研活动的开展以申报项目、开展研究、发表论文、报奖、鉴定为主,科技成果主要表现为成果鉴定、各级获奖、专利,而不是以最终形成产品、商品来认定和评价,难以促使科研活动更好地联系实际。这种评价体系重视科技成果的"技术价值",而忽略了其"市场价值"。在2010年两会期间,全国政协副主席、中科院院士王志珍在发言时指出,目前我国的科技成果转化率大约在25%,真正实现产业化的不足5%,与发达国家80%转化率的差距甚远(张舵等,2011)。

三、企业研发经费投入严重不足

科技投入不足严重阻碍了企业的研发和创新能力,对产业结构调整形成了严重制约。据中华人民共和国国家统计局(2012)统计,2006年以来,研发经费支出占国内生产总值的比例一直不足2%(表6-1)。到2011年,我国研发经费支出8610亿元,比上年增长21.9%,相当于GDP的1.83%,仍未达到2%的水平。同期美国在研发领域的投入相当于GDP的2.7%,日本和韩国高达3.3%和3.4%。与发达国家相比,我国科技投入不足、创新能力不强、产业竞争力较弱。2011年,我国国内发明专利申请量和授权量占全部专利申请和授权总量的比重为24.7%和11%,在规模以上工业企业中,有研发活动的企业比重为8.5%,研发经费内部支出占主营业务收入的比重仅为0.69%。科技创新能力薄弱制约了我国企业产业竞争力的提高。

表6-1 我国研发经费内部支出相当于国内生产总值的比例 单位:%

年份	2006	2007	2008	2009	2010	2011
比例	1.39	1.40	1.47	1.70	1.76	1.83

近年来，国家研发经费主要来自企业自筹和政府拨款，社会资金特别是科技风险投资严重不足，且政府对企业研发经费投入不足，尤其是对市场开拓阶段与技术研发前期费用支持严重偏少。例如，2010年，研发经费内部支出总共7062.6亿，相当于国内生产总值的1.76%。其中，政府资金1696.3亿元，只占总支出的24.02%，不到1/4；企业资金为5063.1亿元，占总支出的71.68%。同时，企业的研发经费主要还是用于自身的创新活动，而对进行产学研合作创新的投入较少。从2010年研发经费内部支出的使用情况看，基础研究和应用研究分别只有324.5亿元和893.8亿元，一方面说明产学研合作创新部分投入过低，另一方面也从侧面说明企业参与产学研合作的欲望并不强烈。有的企业自身过分重视短期经济效益、太过于担心风险，不注重对研发的长期投入。目前，许多大中型企业到高校和科研院所寻求合作，也仅着眼于找一些短平快的项目，缺乏从长远的角度考虑如何提高企业对新技术的吸收及开发能力，因此投入的研发经费也不充裕，导致高校和科研院所与企业联合开发一些技术难度大的科技成果的成功率极低。

从研发机构情况看，2010年，全国共有3696个研发机构，其研发经费内部支出为1186.4亿元，只占总支出的16.79%，这说明大部分的研发经费使用在包括企业在内的研发机构之外。研发机构的经费主要来自政府资金，有1036.5亿元，来自企业的资金只有34.2亿元，说明企业对与研发机构合作热情还比较低（中华人民共和国国家统计局，2011）。

四、原创技术缺乏，技术创新的主体作用不够

企业技术经费投入包括研发投入和非研发投入。目前，中国企业的技术来源主要依靠非研发投入，即以"外源性技术"为主，原创技术缺乏。研发投入主要反映企业研发能力，对企业技术自主创新能力的提高具有决定性意义；而非研发投入主要反映企业增强生产能力的潜力，主要满足企业发展的近期技术要求，包括技术引进投资、技术改造投资、消化吸收投资、购买国内技术投资等。

从经济活动来看，企业应是市场主体，在推进产学研合作、促进科技与经济结合方面处于关键环节和核心地位，具有推动技术创新、成为创新核心主体的天然优势。因此，以企业为创新主体，有助于敏锐把握市场需求，而有效整合产学研力量，可以加快创新成果的转化和应用。但长期以来，由于企业自主

创新动力不足，研发经费投入少，丧失了全面、系统参与技术创新和学习的机会，企业创新能力无法得到系统发展。大部分企业的技术创新无法跨越模仿学习和局部改良的发展阶段，导致原创技术缺乏，企业作为技术创新的主体作用远远不够。企业缺乏创新体系、创新管理经验、创新人才资源及储备，导致企业对创新缺乏自信，陷入"创新能力不足就越怕投入，投入不足导致能力更差"的恶性循环。据调研，近2/3的大中型企业还没有研发技术，技术力量缺乏，技术创新能力比较弱。

五、研发机构和人才短缺

企业生产需要面对市场和社会做出快速反应，市场和社会的需求及竞争都会促使企业寻求各种手段不断提高自己。可见，企业生产的发展和提高很大程度上取决于知识的创新和人才的培养，并且知识的创新又依托于对人才的培养。因此，满足企业对人才等方面的智力支持需要紧密联系高校的人才产出。当前，企业内部研发机构和人才的短缺是企业发展最大的困境。

据中华人民共和国国家统计局（2011）统计，2010年，大中型工业企业中，有研发活动的企业共12 889个，占大中型工业企业总数的28.3%，与2009年30.5%的比重对照，呈下降趋势。研发经费内部支出为4015.4亿元，仅占主营业务收入的0.93%，与2009年0.96%的比重对照，也呈下降趋势，其中西部地区研发经费仅为310.11亿元。企业办研发机构共16 717个，研究人员148.5万人。全国大中型工业企业研发人员全时当量共137万人年，其中西部地区10省（直辖市、自治区）只有11.9万人年。

第三节 高校在产学研合作中的困难与障碍

一、高校传输知识的传统模式局限

从计划经济体制下走过来的中国高校还带着传统的计划经济色彩，高校的主要任务是培养人才，重视的是传输课程知识，教师队伍也习惯于课堂讲授、知识传输型的传统模式，对外界的实际市场需求了解不多甚至脱离实际，缺乏与企业的联系，跟不上社会经济发展变迁的需要。中国高校要改变这些现象，需要既熟悉专业知识体系、最新发展方向，又熟悉企业运行和市场需求的综合人才。人才的短缺必然使人才培养模式的改革滞后。如今，大学生动手能力差，实践经验少等问题依然突出。同时，高校也盲目跟风，走向另一个极端，仅仅是为了扩招和满足一定的经济效益，不断推出一些纯粹是追求时髦的专业，当这些专业的学生量达到一个点之后，就会很快造成这个专业的就业形势急转直下。中国的高校在专业设置上之所以如此善变与中国社会处于转型阶段有关。传统的高校比较习惯于传授知识、习惯于较低层次的知识讲授，缺少充分地自由讨论和对探索真理的独立精神的培养，多数为人云亦云，无法为一个人的综合能力的提高发挥应有的作用。其培养出的学生专业知识领域狭窄、缺乏通识教育的锻炼和学习。据2012年10月16日《华尔街日报》中《中国大学能打败美国大学吗？》一文援引的"世界经济论坛"（World Economic Forum）的评估数据，美国81%的工程专业的毕业生可以立刻胜任工作，印度只有25%的毕业生能做到这一点，而中国的比例是10%。这个评估虽然明显有所偏颇，但提出的这个问题值得我们高度重视。

二、高校对产学研合作的需求与目标不明确

高校偏重理论、偏重在实验室进行技术研发，与实践相对脱节，因此无法正确评估产学研合作技术需求，一些项目在进行过程中已经被更新的技术所代替。这些问题导致高校实验室的科研水平很难上升到一个新台阶，产学研合作也只能反复在一个较为浅显的层面上进行，技术创新往往滞后（宋思根和程思思，2010）。此外，在许多高校和研究机构，缺乏熟悉社会主义市场经济，能推进产学研合作深入开展的应用型领军人才，导致对产学研合作的市场需求与合作目标不明确，使得对综合性、适应性强的人才培养跟不上，反过来也影响到教师和学生的科研活动顺利开展。

三、高校缺乏产学研合作动力机制

首先，高校教师教学任务繁重，科研与教学难以平衡，科研、教学评价体系中高水平论文、政府（纵向）项目和专著被看得很重，而横向合作和项目则被放到较低的水平层次。其次，高校一般并不十分强调成果的应用性及与企业合作的状况等（宋思根和程思思，2010）。再次，高校的激励机制通过科研能

力和学术成果来衡量。综合以上三方面，导致了高校教师对产学研合作的积极性不高、缺乏强劲的动力。

2010年，高校有7833个研发机构，研发人员59.4万人。研发人员全时当量29万人年，其中基础研究12万人年，应用研究14.8万人年，而实验发展仅仅2.1万人年。研发经费内部支出达597.3亿元，其中基础研究支出179.9亿元，应用研究支出337亿元，而试验发展支出才80.3亿元。这些都说明高校教师和研究人员对产学研合作动力不足，更倾向于基础和应用研究。高校的研发经费中有358.8亿元来源于政府资金，只有198.5亿元来自企业资金。企业资金远远小于政府资金的事实也可以从侧面说明高校在产学研合作中的困境（中华人民共和国国家统计局，2011）。

第四节　政府在产学研合作中的困难与障碍

世界各国的经验表明，要大力推动产学研合作，需要各方面的支持和共同努力。其中，政府作用的发挥，对产学研合作的顺利开展尤为重要。政府在产学研合作中有着重要的引导和支持作用，是一个不可缺少的关键角色。其在产学研合作实践中发挥的主要功能有：提供产学研合作的杠杆资金；评估和奖励科研成果；保护产学研合作的知识产权；鼓励产学研合作的行为。

政府在经济体制改革的过程中，主要精力是放在经济体制改革和对市场的管控方面，而在整个创新性社会建设方面，对产学研合作的实际政策需求既不了解也没有多大作为，主要体现在以下两个方面。

一、政府对产学研合作的倡导和引导不够

产学研合作的基本原则是市场原则。但在产学研合作发展的初期，政府必须发挥主导作用，通过制定特殊优惠政策以引导和推动产学研合作的发展。从目前的情况来看，政府的这一作用发挥得还不够充分，主要表现在：①产学研引导和扶持政策缺乏具体的系统研究设计，更没有可操作的实施细则；②产学研合作资金筹措方面的努力还不够，如政府配套资金支持有限、政府通过中介组织等渠道为产学研合作项目筹资的主动性不强、政府通过风险投资等方式为产学研合作项目筹资的有效融资渠道不够通畅等；③政府对产学研合作办学实体没有与公办教育机构一视同仁，如机构人员没有编制、缺乏经费支持等；

④科技三项经费对产学研的倾斜政策不显著；⑤为产学研合作量身打造的平台数量还不够多（如工程中心偏少）；⑥企业和研究院所进入产学研合作体的人员难以获得教师身份，也就难以有评职称等教师权益的保障；⑦产学研合作体可否享有国家的学生平均教育经费拨款、有什么样的税收政策不明确；⑧一些涉及产学研合作的政府部门不作为等。在实际工作中，有些政府部门服务跟不上，有的是开始时满腔热忱地支持，但一遇到实际问题就打退堂鼓，致使一些具体困难和问题难以得到及时解决，在一定程度上也会影响学产研有效合作。

二、政府对产学研合作的政策资金支持不足

政府对产学研的扶持明显不够，如对市场开拓阶段与技术研发前期费用支持相对较少。据调查，90%的企业都提出希望政府能在资金方面给予支持，特别是中小企业资金薄弱，更需要政府在政策、资金方面提供帮助（宋思根和程思思，2010）。在产学研发展初级阶段，政府财政资金投入应该在产学研合作经费投入中占主导地位，但目前我国政府财政资金投入严重不足，导致高校和科研院所的科研资金不足（其项目资金主要来源于企业自有资金），缺乏中试基地。

2009年，全国研发经费支出总共5802.1亿元，其中政府资金1358.27亿元，企业资金4162.72亿元。西部地区研发经费支出625.6亿元，其中政府资金282.31亿元，企业资金312.8亿元。可见，全国和西部地区呈现类似的格局，一方面，研发经费总量低；另一方面，研发经费中政府支持比例过低，投入严重不足。（中华人民共和国国家统计局，2011）

第五节　产学研合作的体制机制不健全

一、缺乏鼓励和扶持产学研合作的系统政策设计

产学研合作各方不是孤立的，在经济社会中实际是相互依存、相互供求的。产学研合作主体具有多元化的特点，其隶属于不同的管理部门，涉及企业、教育、科研及政府管理部门之间各种利益关系，在产学研合作中有着各自的认识、处境和利益追求，导致合作各方在管理体制上仍然是条块分割、自成体制、各

自为政（张勇等，2010）。因此，需要完善的政策和法规来规范和协调各方关系，保证合作的成功。但是，目前我国产学研合作相关的各项法律法规并不完善，缺乏专门针对产学研合作的实际管理协调机构与系统性操作措施，以切实保障产学研合作的顺利实施。

由于产学研合作各方的主管部门不同、管理模式和侧重点不同、偏好不同、运行机制也不同，导致在产学研合作的交接点上合作各方都缺乏系统有效的管理，影响合作效果的充分发挥。现实中影响产学研合作最大的障碍是缺乏鼓励和扶持产学研合作的系统政策设计，尽管目前国家和各级政府都已经制定了一些涉及产学研合作的政策法规，但还是缺乏系统性，缺乏配套的实施细则、协调监督机制和良性运行机制。比较突出的问题是中央与地方缺乏统筹协调。许多地方政府没有制定明确的、符合本地区经济社会发展实际的科研发展规划，往往不考虑本地区的具体研发需求，仅以中央的政策为准则。中央拨的，它也拨；中央不拨的，它也不拨。因而使许多具有良好发展前景的地方科研项目得不到资金，阻碍了本地区整体科研水平的提高（李英和刘夏斐，2010）。

二、管理体制不完善、财税政策不配套、利益分配机制不健全

（一）政府、主管部门及合作机构自身对产学研合作的管理体制不完善

现有的产学研合作管理体制尚不完善，使产学研合作面临许多障碍，主要表现在以下三个方面。①由于产学研各方分别归口于不同的政府部门，跨行业的合作必须有行业主管部门的支持、协调和管理，而现状是各个主管部门间缺乏有效的协调机制。②产学研合作的实体人员应有的待遇得不到落实。例如，企业技术专家进入高校时，无法享受到包括教师身份认定、职称评定、工资报酬等方面的相应待遇，高校或科研机构人员进入企业时，也无法享受包括技术入股等应有的待遇。③目前产学研合作方面缺乏开放协作、高效运转的科技中介服务机构体系。产学研合作牵涉到对成果的价值评估、风险分析、市场调研、法律咨询等，这些需要中介机构提供深入、专业和周到的服务，但目前中介机构大多功能单一，提供信息服务不及时或缺乏准确性、难以提供或者提供不充分，远远满足不了产学研合作的需要。同时，目前的中介组织还存在着一系列的问题，如数量偏少、种类不全、资金不足、官办色彩浓厚、行为不规范等。此外，专门协调产学研各方的中介组织还不多，缺乏协调双方合作纠纷的权威

仲裁机构。

(二) 政府对产学研活动的实际成效管理缺乏

目前，政府比较重视产学研活动，积极组织了各种科技成果交流会、洽谈会和项目对接会等，如发布科研成果、组织大型项目展示和洽谈活动，但实际上企业和院校真正能在活动中找到合作项目的并不多，许多真正取得实效的产学研合作也并不是通过政府组织的产学研活动找到合作伙伴的。从这个角度看，政府似乎更热衷于对产学研合作的声势营造、对签约项目数字的关心，而很少去考虑活动的实际效果。对于签约的项目有多少实施了，有多少不了了之，很少有人去进行后续效果的调查研究。产学研合作在某种程度上呈现出"政府搭台、政府唱戏"的局面，缺乏对项目实际效果的后期跟踪管理。

(三) 财税政策不配套

从国家财政投入的结构看，国家的经费偏重于支持高校和科研院所，对企业方面的资金支持较少。一方面，造成高校科研成果能够市场化的低，能市场化的成果转化率低；另一方面，造成企业科技投入资金不足、创新来源少、缺乏能力进行自主创新。

国家科技计划缺乏层次性，目标不够明确具体，与此相应的财税政策也缺乏具体政策安排。另外，部门间（如发改委、科技部、中科院、教育部、基金委及一些相关部委）缺乏有效的沟通协调和统筹安排，导致资金、资源分散，财税政策效果不明显。虽然，2006年12月28日，科技部、财政部、教育部、国务院国资委、全国总工会和国家开发银行成立了推进产学研结合工作协调指导小组，确定了由六部门共同推进产学研结合工作，但如何协调自主科技创新中各部委之间的关系并发挥财税政策在其中牵线搭桥的核心作用，还需要不断创新财税政策的支持方式（徐博，2009）。

我国目前缺乏稳定的产学研合作资金来源和稳定的财税政策，已有的"科技型中小企业创新基金"、"火炬计划"等项目基金在研发费用的划分、利益的分配方面，企业和高校的目标值相差甚远，两者很难达到平衡。因此，开辟稳定的资金渠道，建立配套的财税政策，加强经济支撑条件是产学研合作过程中亟待解决的问题（张勇等，2010）。

（四）对知识产权保护条例的实施尚不到位

缺乏对知识产权的有效保护是当前推进产学研合作、增强科技创新能力进程中的一个主要障碍。目前，有关知识产权法规定，即便研发者获得了国家级的奖项，项目成果的知识产权也是归国家和发明者单位所有。发明者个人、单位和国家三者的关系没有理顺，导致享有创新和专利利益的国家和集体并没有积极地推广和转化项目成果，而没有明确在研发各个环节可能所得的发明者或团队，也缺乏推广转化的积极性。就企业而言，许多学校和科研单位或部门都是"铁打的营盘流水的兵"，科研人员流动比较频繁、工作不专一、受企业纪律和利益目标的约束程度有限。随着"结盟"越来越紧密，重大关键技术受保护程度难免会降低，而这与企业在未来市场竞争中的成败是息息相关的。

（五）产学研合作形成的利益分配机制不健全

利益分配是产学研合作的关键问题，它直接影响着合作的长期性和稳定性。由于产学研合作各方处于不同行业、不同系统、不同领域，各方对技术成果及其产业化的价值存在不同认识，不能长时间保证诚信合作。在合作初期，产学研各方比较容易达成一致，但随着合作项目的深入，看得见的利益或风险越来越清楚时，常常会因科研成果转让过程中的价格问题、合作共建研发实体的各方利益分配问题、成果的归属权问题及知识产权问题、相互兼职待遇问题等发生矛盾。例如，在成果初步形成阶段，成果转化的中试和技术、工艺、材料、配件落实阶段，成果批量生产阶段，成果市场营销阶段，合作各方的责任、投入和风险是很不一样、有较大差别的。因为缺乏针对各种不同情况、科学合理的利益分配和风险分解机制，多数合作未按市场规则操作，合作协议对责、权、利界定不清，缺乏法律约束，协议履行的社会监管存在疏漏，各方对于技术创新的价值存在分歧。另外，在产学研合作各方的内部，由于研究方内部利益分配问题造成的内部人员流动或研发人员积极性不高，也常使研发工作不能按协议完成，严重的还可能造成对产学研合作体的损害，甚至解体。

三、激励和风险防范机制不够完善

中国高校产学研合作的有效机制尚处在初创阶段，很多方面都不尽完善，从而制约了产学研合作进程。

  首先，缺乏有效的激励机制。因为产学研合作存在多个单位、多个环节，是多部门和多人员合作的系统行为，所以参与合作的某一单位的原有分配和激励模式在产学研合作体中难以单方面实施。目前，产学研合作在奖励政策、经费投入（研发经费、风险资金、平台建设、持续资助）等方面缺乏有针对性的、分不同工作和不同阶段的个性化设计，也缺乏明确的长效机制。高校教师和研究人员的考评机制也存在缺陷，不少高校在合作办学、学科科研考核评价指标体系和教师聘用、晋升、分配、激励制度设计与政策措施等方面都存在不利于产学研合作的政策导向。

  其次，有效的风险防范机制存在短板。科技创新具有复杂性和较大的不确定性，风险很大。由于缺乏经验，我国对科技创新及成果产业化风险认识不足，缺乏风险防范机制使不少企业因此蒙受重大损失，导致对风险普遍存在恐惧心理。科技创新风险一般是通过建立风险投资机制和责任与利益联动分摊机制来解决的。该机制的建设尚处初创阶段。产学研合作的风险防范机制建设比它更落后，致使产学研合作过程中产生的风险难以化解。因此，对于政府而言，首先，要化解由合作各方行为不规范而产生的市场信用风险；其次，要防范开发成果的中试、生产和营销过程产生的风险；第三，还必须保护成果被他人窃取和不法使用的风险。而这些风险的防范需尽快制定成型的制度和法规。

第六节 中国西部高校产学研合作问题特别突出

  随着西部大开发的实施，西部地区经济发展不断加速并逐渐强化了创新意识，少数企业的技术和产品开始有了一定的竞争优势。然而与东部沿海发达地区相比，西部地区企业、高校和科研院所更多在遵循传统模式发展，对市场需求的研究和把握不足，产学研的合作理念较为落后，再加上西部地区的市场发育程度较为落后、市场经济的服务体系尚不健全、政府可以用来扶持的资金短缺、经济社会和谐发展的环境条件差，远不能满足产学研合作快速发展的需求。

  产学研合作不仅需要有一个发达的商品市场，而且需要有一个发达的资本和技术市场作为支撑。西部地区由于其特殊的地理位置，在信息交流和物流方面与东部地区都存在很大的差别。本地市场的不发达往往会影响产学研合作成果的推广和商用化。另一方面，特别是对于一些中小型企业来说，往往因为资金的紧张而不会将自由资金投入科技研发,而是寄托于资本市场——向银行贷款。但是,对于西部地区来说,资本市场还存在着诸多的问题,信息的不对称往往会使银行对这些企业的贷款弱化,最终也会影响产学研合作项目的顺利实施。

西部地区高校在产学研合作中面临的问题更加突出。2010 年,全国大中型企业研发人员全时当量 39.91 万人年,西部地区只有 3.49 万人年,仅占总份额的 8.7%;全国大中型企业研发经费内部支出为 967.83 亿元,西部地区只有 73.25 亿元,仅占总份额的 7.6%;全国大中型企业有效发明专利数 50 166 件,西部地区 1872 件,仅占全国份额的 3.7%(中华人民共和国国家统计局等,2011)。

总体上说,中国西部高校产学研合作的有效机制尚处在初创阶段,很多方面都不尽完善,存在着很多突出的问题,从而制约了产学研合作进程。与东部沿海发达地区相比,中国西部高校的产学研合作管理体制在产学研法律法规的建设、产学研合作平台的建设、产学研合作中介服务机构的建设、产学研合作的政策等方面都存在着较大差距,需要不断汲取发达国家与发达地区在产学研合作发展过程中的经验与教训,逐渐完善区域创新资源的整合,提升区域的科技创新能力,为西部经济发展水平的提高作出应有的贡献。

第七章 中国西部高校产学研合作的政策设计

产学研合作离不开企业的投入和需求，离不开高校和科研院所的重视和创新，也离不开政府政策的引导和扶持。中国西部高校的产学研合作尤其需要建立以企业为主体、市场为导向、产学研相结合的科技创新体系，引导和支持创新要素向企业集聚，促进科技成果向现实生产力转化。

西部地区地方政府和职能部门也应当切实转变政府职能，充分发挥政府的引导和监督作用，创新工作方式方法，建立健全相关的管理体制和政策法规，为产学研平台的建设与完善、产学研的充分互动和高效互动提供有力的组织保障和法制保障。合理的产学研合作政策设计，可以有效促使企业成为技术创新的主体，加快我国西部地区区域创新能力的提升。针对中国西部高校产学研合作的发展历程和现实基础，有必要重点考虑引导政策、激励政策和扶持政策等三个方面的产学研合作政策设计。

第一节 中国西部高校产学研合作的引导政策设计

一、建立健全官产学研金相结合的引导体系

由于中国西部地区社会经济发展与东部地区相比还有较大的现实差距，西部地区在促进产学研合作方面尤其应当进一步加强由官产学研金各方参与的、引导和约束相结合的、以引导为主的体系。一是西部各省区政府有必要设立"产学研合作工作领导小组"，领导小组除有一个或多个省区领导分管外，还应将经济、教育、科技、财政、人事、税务、国土等相关部门纳入其中，并下设办公室作为引导各地产学研合作的常设机构。二是各经济主管部门、教育主管部门设立对应的产学研管理部门。三是各高校和科研院所和企业可设立产学研办公室，从管理体系上保证有效推进产学研合作。四是引导金融机构进入产学研合作的体系，从金融的角度保障和促进产学研合作的深入开展和顺利推进。

国家层面应设有"中国产学研合作工作领导小组"这样的顶层机构，该机构除系统设计、制定、分解全国性的促进、引导、扶持产学研合作的政策外，还应协调全国教育部属高校、中央国有企业集团、各省区的产学研合作工作，并将其作为促进国家发展转型、经济社会协调发展、社会管理重要改革的一项基础性战略工作来抓。在这项工作中，宜对西部各省区的产学研合作给予特殊的引导和倾斜支持。全国和各省区还可以依托由已经参与或准备参与产学研

作的企业、高校和科研院所自发组织的（如"产学研合作协会"）民间组织，研究社会主义市场经济条件下产学研合作的规律、风险、障碍及化解办法，交流产学研合作的经验，协调和解决各产学研合作体在合作过程中出现的矛盾和问题。

无论是官方机构还是民间组织，都要大力开展产学研合作相关的理论研究与政策分析；把开展产学研结合的情况、实效，列为国有企业、国有高校和科研院所的法人代表"任期目标责任制"重要考核内容，并与国家和地方的进一步扶持挂钩；推进高校和科研机构与企业联合，采取联合办理研究机构、合作建立企业"博士后工作站"、企业"工程（技术）研究中心"、企业"重点实验室"等方式促成资源共享，解决目标隔离、人员隔离、成果隔离等问题，为产学研紧密结合创造条件。推进产学研中介机构的设立和成长，利用中介机构对产学研合作的成果评估、风险分析、市场调研及法律咨询等提供必要的全流程服务，为进一步加大产学研合作提供条件。

根据西部地区经济社会发展的实际情况，制定切实有效的政策措施和管理办法，做到官产学研金多方参与、资金和政策相组合，以提高总体投资效果。通过建立健全官产学研金相结合的引导体系，设立旨在介入一些重大合作创新项目或重要联合体的管理指导委员会。通过他们的参与管理和指导，完善产学研合作的顶层设计，为中国西部高校产学研合作提供组织保障。

在引导产学研各方参与合作的同时，应注意加强对产学研各方的经济行为进行规范和制约，使各方的利益实现最大化。同时，在对产学研各方的合作进行引导的过程中，应基于诚信体系建立对各方的行为约束，打击知识产权犯罪，保护产学研合作体和创新者的合法权益，提高产学研各方的违法违规成本，从而形成引导和约束相结合、以引导为主的官产学研金多方参与的合作体系。

二、加大对产学研合作的专项引导资金投入力度

由于西部地区的企业和高校自身普遍不够强大，许多产学研合作也还处于发展初级阶段。在这一阶段，财政投入经费应该在产学研合作经费投入中占据种子资金的引导地位。政府应当进一步加大对产学研合作的专项引导资金的投入或风险投入力度，通过政府的教育管理部门、科技管理部门和经济管理部门制定引导产学研合作的专项规划，设立政府专项经费投入引导产学研合作。政府还可以通过设立技术创新风险基金、建立产学研合作奖励基金等办法引导产

学研的深入合作。

从政府层面，进一步增强对产学研合作项目的资助力度可以引导产学研合作的深入开展。西部地区省级政府应设立产学研合作专项基金，资助市场前景好、技术水平高、有自主知识产权的产学研合作创新产品，支持企业与高等院校、科研院所合作进行科技成果的二次开发，加大对科技成果转化环节上的投入，扶持重点基地建设。对于应用研究和产品开发类政府资助项目，优先支持企业把技术进步的重点放在产学研合作的自主研发上，鼓励企业与高校和科研机构组成产学研联合体进行联合攻关。在科技成果转化方面逐步建立起政府、金融、企业、科研单位及社会多渠道的多元化投入体系，使投入到科研、转化、产业化三个环节上的资金比例逐步接近发达国家的1：10：100的水平。省级财政每年要从科技三项费用中提取适当比例作为产学研合作基金的来源，尝试将部分资助资金由无偿使用改为贷款贴息或股权投入，提高产学研合作基金的使用效率。在认真审查政府投资资助的范围、对象、领域及方式的基础上，增加对优秀产学研合作项目的资助力度，扩大资助范围，使更多的真正开展产学研合作的企业从中受益。

中国西部地区的企业比较集中于劳动力密集型和资源密集型产业。劳动力密集型产业受制于劳动力供给结构，易出现季节性的人员波动，工资成本甚至决定了此类企业的生存基础。尽管西部地区是我国主要的劳动力输出地区之一，但近年来随着西部地区产业规模日益扩大，农民工回流现象也日趋普遍，不少地区劳动力已开始出现结构性短缺，若干企业和特殊岗位招工难已屡见不鲜，从而制约了劳动力密集型企业的持续发展。而资源密集型企业的发展则受制于资源的来源、购买资源的资金来源、投入水平和企业本身经营情况。国家金融政策的调整对资源密集型企业的影响更为突出。若我国为了抑制通货膨胀和无序投资，一味采用银根紧缩政策，将导致西部地区许多只是想扩大再生产的资源密集型企业无法获得资金来源。要想改变现有产业结构、提升企业技术含量、降低对外部资金和劳动力过分偏重的需求，就必须提高企业产品技术含量，或更多地倚重劳动力而非设备，这些都需要政府加强支持。但更重要的路径还是要推动产学研合作和由此导出的自主创新。特别是在推动科研院所和高校的创新技术、各种实用性专利技术与企业的联盟方面，要减少信息不对称导致的成果难以转化的问题。由于市场机制的激励作用有限，需要借助政府行为来发挥宏观调控职能，提供更多的软硬环境支持。在软环境方面，可以加强政策面的导向和支持，以促进产学研合作向纵深发展。在硬环境方面，西部地区省级政府的科技管理部门和经济管理部门应当进一步加大对产学研合作的专项引导资金的投入力度，形成对企业产学研合作的政策倾斜，从而最大限度地发挥政策激励与引导作用，使企业随着产学研合作过程获得市场优势并尽快将其转化为竞争力，使高校和科研院所有效获得创新资金并用于科学研究，提高整个社会的创新能力。对于有条件的区、市、县级政府的科技管理部门和经济管理部门，也可以针对区域发展的特色和优势，设立相应的产学研合作专项引导资金。

三、建立税收优惠的调节体系

政府在现有产学研经费投入的基础上，除了设立专项经费扶持产学研合作外，还应考虑如何发挥税收的杠杆作用。通过政府税收优惠政策引导下的调节体系，在宏观上加强政府在产学研合作中的作用。提供税收优惠政策的设计要有针对性，要能够对产学研合作中的创新和成果转化环节起到激励作用和媒介作用，从外部引导和推动产学研合作深化和发展。一是在现有的对企业技术开发费抵扣应纳税所得额、高校和科研院所技术转让收入免税、企业新产品开发财政补贴等财税优惠政策的基础上，对于技术研发费用达到一定比例（如税前的5%）的企业进行税收减免。二是对企业捐赠公办高校的款项按照纳税认定，并从企业应纳税额中计减。三是对产学研合作设立的创投企业、高新技术企业、小型微型企业，具体落实对研发费用加计扣除、加速折旧、技术转让等税收优惠政策，对符合减免税优惠条件的产学研合作企业及时审批，减轻企业税负，从而增加企业自有资金，鼓励企业扩大再生产，增强企业的发展后劲和市场竞争力。

四、搭建园区平台引导产学研合作

应在政府引导下，搭建由多所高校、科研院所与多家企业合作创新的科技园区，如以大学为中心建成大学科技园、工程技术转化中心和生产力促进中心等，或以企业为中心建成工业科技园区，以此作为西部地区支持产学研的硬环境。

各级政府应通过搭建平台给予资金、土地等方面的支撑，主动邀请高校和科研院所进入企业的技术创新机构，建立产学研互动机制。建立以企业为主体、高校和科研机构参与的产学研联合体，形成优势互补、利益共享和风险共担的运行机制。优先支持在重点产业中由产学研合作组建的技术平台。特别是当产业处于生命周期的萌芽阶段或成长初期时，产业内企业的平均规模小。而如果产业属于资本密集型或者知识密集型产业，研发具有高投入、高风险时，由于企业的研发能力相对薄弱，同时也缺乏足够的资金支持，致使其进行技术开发的意愿不高。在此条件下，通过选择建立政府引导下的产学研合作，发挥政府的主导作用，有利于产业经济与科技的快速发展。例如，在重庆高新技术产业发展的最初阶段，由于产业的高投入、高风险特点，收益存在极大的不确定性，大部分企业无意也无力承担技术的研发工作，在这种情况下，重庆市政府在产业经济与科技的发展中发挥了主导作用，通过政策的支持、资金的大量投入、科技平台的建设、科技项目的组织开发，充分利用高校、科研院所的研发实力，通过产学研联盟的组建，在高新技术的研发和成果的产业化方面起到了积极的作用，促进了重庆高新技术产业的发展，为重庆实现产业升级奠定了良好基础。同时，产业在处于衰退期时也需要政府外部力量干预，使产业实现可持续发展。

政府应进一步将大学科技园、工业园区建设纳入当地总体发展规划和计划，为其发展提供资金支持，完善内部的基础设施建设，制定区内产学研合作发展的优惠政策；为产学研合作提供低息贷款、减免产学研合作税收、为产学研合作研发提供资金支持和专家咨询服务等，以促进更多的高校、科研院所与企业进驻大学科技园与工业园区；通过相互交流与沟通，创造更多的合作机会，促进产学研合作的形成。另外，地方政府部门还应当设立专门的大学科技园与工业园区建设组织领导机构，负责对大学科技园与工业园区进行科学化、规范化管理，在利用高校、科研院所科技成果孵化出更多成功企业的同时，借助企业的力量实现高校、科研院所科技成果的有效转化，实现其市场与经济价值。

除了在筹建大学科技园时要考虑建在学校周边外，在建设工业园区时也应尽量靠近高技术人才集聚区域，以尽可能方便高校科技人员服务企业或直接创业，使企业获取科技成果，为建立产学研联盟提供便利。

第二节　中国西部高校产学研合作的激励政策设计

一、整合与改进科技奖励和考核制度

要进一步激励产学研合作，需要从政府、企业、高校和科研院所等各个层

面进一步整合与改进科技奖励和考核制度，形成鼓励产学研合作的良好氛围。西部地区更是要结合地方经济社会发展的特点和区域基础创新的能力水平，深入考量科技奖励和考核在产学研合作中的激励作用，采取股权激励等方式对产学研合作创新成果实施奖励。

（一）西部地区政府部门有必要在已有的科技成果奖励中增设科技成果转化奖

我国现行的科技成果奖励体系中，自然科学奖、技术发明奖和科技进步奖三大奖构成了科技成果奖励的主体（国家最高科学技术奖和国际科学技术合作奖的数量远小于以上三大奖，因而本文暂不讨论）。但对于鼓励产学研合作集聚和引进国内外优质科技智力资源、加快创新成果的转化与产业化、支撑和引领经济转型升级和社会发展的科技成果转化奖，还没有被纳入到以三大科技奖励为主体的科技成果奖励体系中来。目前，一些东部发达地区，如浙江、辽宁等，已经设立了由政府颁发的科技成果转化奖励，以奖励企业从国内外引进先进技术成果进行消化、吸收、再创新，并获取拥有自主知识产权、掌握核心技术和关键技术、能有效促进产业产品结构优化升级的项目；鼓励高校、科研院所开展科技成果转移、转化和推广；鼓励个人积极开展科技中介服务。与东部发达地区相比，中国西部地区的产学研合作范围还不够广，力度还不够大，层次还不够高，在此阶段增设科技成果转化奖，并提升到与传统科技三大奖相并列的主流层次，可以有力地激励产学研各方积极参与合作。

（二）企业、高校和科研院所在对教师和研发人员的考核中要重视产学研的经验和成果

在对教师和科研人员的科研评价中，要建立以质量和贡献为导向的科研评价机制。一方面，对高校教师和科研院所研究人员的职称评聘要考核企业工作经历，鼓励高校和科研院所承接来自企业一线的横向课题，将产学研合作的成果纳入人才的评价体系。另一方面，企业对从事产品研发的技术人员的评价中要考察研发人员的继续教育经历，重视对参与产学研合作的研发人员的奖励和培养，增强企业的可持续发展能力。

(三) 企业和高校、科研机构建立以股权为纽带的股份制企业,将合作产生的效益利用股权或期权的方式激励产学研合作创新

产学研联合体通过建立股权激励政策,既可以让拥有核心创新技术和知识的人才拥有相应的股份,也可以将股权奖励给实现科技创新的某一个合作方,利用股权激励的方式,实现对产学研合作创新的鼓励。

二、鼓励产学研联盟对外交流与合作

西部地区高校、科研院所与国外高校、科研院所和大中型企业在汽车、电子和装备制造业等领域具有长期的合作历史,在与国外的科技合作与学术交流中具有一定的优势和发展潜力。因此,应该进一步加强国际产学研合作,开展灵活多样的科技合作和科技成果转化及产业化活动,以产学研联盟为载体加大对外交流与合作,成为推进西部地区企业自主创新的重要力量,建立多层面的国际科技合作关系。

产学研联盟是企业对外交流和合作的重要载体,也是企业对外交流和合作的重要源泉。过去,企业主要采取"头疼医头,脚疼医脚"的模式与科研单位、大专院校开展单体合作,但这一单体合作的传统模式已经不能适应现在的市场需要,建立产学研联盟就成为提升企业竞争力的必然形式。西部地区近年来组建了一些产学研合作联盟,但在以联盟为单位开展对外交流与合作方面还不够普遍。因此,要充分发挥产学研联盟中各方的特色,凸显高校和科研院所在对外交流过程中的既有优势,让产学研联盟成为企业把国外的先进技术和优秀人才"请进来"、让企业的产品和投资"走出去"的重要桥梁。

三、建立鼓励人才流动和融合的有效机制

产学研合作的形式既有产学研合作办学、培养人才,也有产学研合作构建科技企业、研发平台,从事自主创新,产学研合作办学和合作研发又都还可以有多种不同的形式。但无论是哪种形式的合作,都需要产学研合作各方人才的融合。

人才是决定产学研合作成效的主体要素。在我国现行体制下,一方面,高校、科研院所和企业在社会经济发展中各自扮演不同的角色,人才有不同的专

长和共性特征；另一方面，合作各方有不同的工资、津贴和福利体系，有不同的人事管理制度。因此，要真正激励产学研合作，必须打破人才管理的瓶颈，建立有利于人才流动、融合并能最大限度调动和发挥人才积极性的有效机制。

一是可以进一步创新企业科技特派员制度，鼓励高校教师和科研院所的研究人员到企业兼职。通过引导高校和科研院所的科技人员及其团队深入生产一线，使其熟悉企业的要素禀赋和市场需求，架起高校、科研院所优势创新资源与西部地区企业、产业、区域合作的桥梁。在这个过程中，帮助解决企业各类技术问题，提升企业自主创新能力和核心竞争力。通过把高校、科研院所的创新工作与生产实际相结合，创新学科建设思路，更新人才培养理念，增强人才培养的针对性和适用性。切实充分保障来自于高校和科研院所的广大科技特派员能真正深入企业和行业中开展工作，解决产业发展的实际问题，并将其在企业的贡献纳入到高校和科研院所对科技特派员在本单位的评价和考核中去。

二是支持企业中的高水平技能型人才、专家型工程技术人才到高校兼课或在学生到企业实践时兼任导师，依托高校设在企业的研究生培养基地或实习实训基地开展联合培养及专业实践，联合开展"卓越工程师教育培养计划"和专业学位研究生综合试点改革，加快应用型人才建设步伐。一方面让企业的实践资源参与到高校的人才培养中来，为学生提供进入企业"真刀真枪"锻炼的机会，另一方面也对企业的员工进行知识更新升级。研究生和本科生培养过程中，高校可以从企业具有高级技术职称的研发人员中遴选出部分技术骨干作为学校的外聘导师，由学校和企业"双导师"对学生进行指导，学生在学完课程后被派进企业联合培养。这样，既可以推动西部高校人才培养质量，又可以为西部地区的企业及产业培养和储备技术人才。

三是充分利用西部地区的产业园区和大学科技园等平台，出台特殊政策吸引留学人员带技术、带资金来西部地区创业或合作。近年来，我国相继出台了一系列措施吸引留学人员回国创新创业，取得了显著成效。但相较于东部发达地区，留学人员到我国西部地区创新、创业的比例偏低、数量偏少，也直接限制了高层次产学研合作的开展。首先，要加快培育和发展留学人员创业园，为留学人员回国创业提供专业服务，充分发挥各地国家级留学人员创业园的示范、引领和推广作用，集中优势力量，加大投入力度，力争在引进一批具有核心竞争力的留学人员回国创业方面有所突破。其次，要强化服务，将回国创业留学人员纳入当地重点人才服务对象的范围，建立服务机制。研究、制定留学人员回国创业服务机构工作章程和制度，明确专门服务机构，设立专门服务窗口，为留学人员回国创新创业提供无障碍、一站式、个性化、全方位的服务。最后，要把留学人员带技术、带资金来西部地区创业或合作纳入到高层次产学研合作的体系中来，让享受地方政府对产学研的引导、扶持和激励政策作为引导留学人员来西部地区创新、创业的基础优惠条件。

来自产学研合作各方，进入产学研合作体的人才，要能够享受到合作体内其他参与合作的单位的人才能够享受到的政策。例如，企业进入合作体的专业人才，可以拥有教师资格、能够评定职称、可以享有寒暑假；高校和科研院所进入合作体的教师，可以根据自己的贡献拿年薪、占有股份、参与分红等。

第三节　中国西部高校产学研合作的扶持政策设计

一、发展风险资本市场、完善产学研合作多元化投资体系

产学研合作创新困难和科技成果转化率低的一个重要原因是资金缺口大，而企业无力或者不愿承担风险比较大的项目。中国西部地区的企业多属于劳动力密集型和资源密集型产业，资本积累有限，新的创新企业需要原始投入，因此，需要建立一套完整、健全的投融资体系来保证风险投资资金的充足。西部地区在这方面应该多借鉴发达国家和我国东部地区在风险资本市场上的成功经验，可以采取如下的政策措施。

一是寻求多元化的投资主体，拓宽资金来源的渠道。在多元化的投资主体中，逐步形成以政府投入为引导、企业投入为主导、银行贷款为支撑、社会集资和引进外资为补充的、多元参与的投资体系，逐步建立起多方投资、实力雄厚、抗风险能力强的股份制风险投资公司。

二是引导大型企业集团内建立技术开发保障基金，支持企业开展产学研合作技术创新。

三是政府政策支持风险投资。政府的政策是影响风险投资业发展的关键因素，政府应采取税收优惠、资金担保、财政贴息等措施引导资金流向，调动投资者从事风险投资的积极性。

二、营造全社会热情支持产学研合作的氛围

通过采用地方政府扶持的方法，鼓励高校和科研院所组建校际的跨学科平

台。由政府搭台，组织高校和科研院所与产业对接，建立重点实验室、工程（技术）研究中心、工程实验室、实习实训基地、产学研合作示范基地等平台，推动企业、高校和科研院所的科技创新，以提升产学研合作成果转化的效率。企业使用高校或科研院所的科技成果时应当按照市场化的方式取得；高校要主动对接产业，建立股权形式的联盟；由省级国资委出资，建立中试转化工厂，促进产学研合作的成果转化。进而有针对性地对各个产学研合作实体的创新实效、改革探索、成功案例进行宣传，让产学研合作的各参与单位的领导和职工进一步深刻理解产学研合作对本单位、对区域创新、对国家发展转型的重要意义，更有效地支持产学研合作工作；让政府各部门、各相关企业了解产学研合作中出现的困难和需求，力所能及地提供自己的帮助；让更多的企业、高校和科研院所知晓产学研合作可能给自己和国家带来的收益，明确产学研合作的实现路径，积极参与产学研合作；让考生和家长了解产学研合作的办学实体的人才培养模式和质量，积极争取入读；让消费者了解产学研合作的研发及生产实体的创新技术和产品特征，积极购买它们的产品。通过这样一系列的举措，营造全社会热情支持产学研合作的氛围。

三、进一步加强和完善产学研合作中介服务体系

长期以来我国的科技成果转化率比发达国家低，其中很重要的一个原因在于我们没有完善的科技成果转化咨询服务市场，也就是为产学研合作"牵线搭桥"的中介服务机构相对缺乏。而对西部地区来说，在产学研合作的中介服务体系建设方面更有待完善。此外，西部地区目前还缺乏专门为科学技术服务的系列机构，如科学技术发展研究中心、科学技术评估中心、科学技术服务中心、科学技术情报研究所、高新技术创业服务中心等。政府还应大力支持为企业服务的各类科技中介服务机构的发展，如企业创新咨询、知识产权代理、创新人才和机构中介，以及相关的法律、会计、审计等服务机构，促进企业之间、企业与高校、科研院所之间的知识产权流动；充分发挥高等院校、科研院所和各类科技经济协会在科技中介服务中的重要作用，引导科技中介服务结构向专业化、规范化方向发展。同时，构建技术交流与技术交易信息平台及市场，对国家大学科技园、科技企业孵化基地、生产力促进中心等科技中介服务机构开展的技术开发与服务活动给予政策扶持。政府对产学研合作中介服务进行扶持的途径很多，如可以提供场所、可以在一定时期内减免营业税和所得税（含个人

所得税），也可以由政府搭台举办专门展会或服务咨询会，让各类中介服务机构与产学研合作的各参与单位及潜在参与单位集中对接。

四、完善知识产权保护体系和产学研合作的利益分配机制

加强知识产权体系建设，大力提高知识产权管理、保护、运用能力是增强城市自主创新能力、建设创新型城市的迫切要求。对西部地区来说，首先，政府要进一步健全和完善知识产权创造、保护、开发的机制和环境，制定和完善与知识产权相关的法规，建立完善的奖励机制，促进专利的信息化，建立知识产权咨询的社会服务体系；其次，政府要促使企业建立完善的知识产权创造和保护体系，优化科技资源的配置，积极拓展技术创新发展空间，设立专门的知识产权部门，为创新提供全程的信息服务，树立国际化的知识产权经营意识；再次，政府要建立或扶持技术转移机构，促进高校、科研院所与企业的合作，该机构可以对技术成果评估后，购买该技术，再转让给企业，也可以将高校、科研院所的技术成果推介给企业实施，还可以与知识产权的权利所有人成为共同合伙人与企业建立合作等。最后，还应当建立知识产权交易的公共平台，按照不同的行业领域，集成科技创新的研究、开发、转化、生产、销售等环节所需的中间市场要素，建立知识产权交易的公共平台，打造一支专业的经济科技中介队伍。

利益诉求是产学研合作的动力，也是各方联系的纽带。产学研各主体在追求自身利益的同时，必须兼顾他人的利益。在利益分配时要准确把握科研人员、企业家、投资者和一线员工的贡献大小，使各主体贡献与利益回报大体保持一致。只有这样才有利于增强各利益主体间的凝聚力，使每一个利益主体从内心里感到有责任为产学研合作整体利益的更快增长做出贡献。但在产学研合作实践中，拖延甚至扣减成果转让费、技术服务费的事情时有发生。目前，西部地区各级政府在产学研利益分配体制建设上，应该做好三个方面的工作。一是以法规的形式明确产学研合作各方的利益分配机制，促进产学研合作的成功率；二是协调处理产学研合作各方内部的利益分配机制；三是建立产学研合作的评价和激励机制，引导产学研合作向有利于推进技术创新的方向发展。

五、完善产学研联盟运行机制

产学研联盟是产学研合作的重要形式，完善运行机制是产学研联盟发展的切实需求。在建设产学研联盟的同时要完善其运行机制，提高产学研联盟的经济效益和发展实力，加大对外部潜在伙伴的吸引力，促进产学研联盟形成；采用科学合理的伙伴选择方法，以较低的选择费用，选择出优势互补性强、战略目标一致的伙伴；根据各方优势进行合理分工，保证各方权、责、利的统一，完善联盟的分工机制；加大产学研联盟的激励与约束力度，协调各方的工作；建立学习机制，促进内部知识的传播、吸收与再创新；选择科学合理的利益分配方法，保证各方利益分配的公平性与客观性。另外，要加强对产学研联盟内部各相关机制的整体协调与宏观控制工作，实现产学研合作的持续、健康发展。

诚信水平高的产学研联盟，有助于产学研联盟各方将其优势资源技术投入到合作当中，加速目标的实现。所以，加强产学研联盟的诚信体系建设将有助于保证合作协议的科学性，以及联合体经营的规范性和持久性。诚信体系包括参与产学研合作的各方及参与合作的各个自然人的遵纪守法意识和执行合同协议的公信力；包括合作过程中出现矛盾纠纷的协调解决程序的设计；包括建立科学规范、阳光透明的财务制度，技术流程管理制度和信息披露制度；包括对各种可能的不诚信行为的制约和处罚；包括诚信行为的内部监督和外部监督等。诚信体系的建设能够提高产学研联盟内部经营、财务和研发信息的透明度，提高其凝聚力和竞争力，并有效预防不诚信行为发生。政府作为产学研联盟的重要监管方，在建立产学研合作的良好社会竞争环境、协调各方利益关系、进行宏观调控等方面具有十分重要的作用。积极发挥政府职能将使联盟的运行更加有效。因此，政府部门要摆正位置，做到真正服务于产学研，以公正的方式处理各方利益冲突，保障产学研合作的正常运行。

六、出台相应的扶持政策和法律法规

目前，我国关于促进产学研合作创新的政策、法规还不完善。为此，我们要认真研究产学研合作的实际情况和遇到的问题，制定和完善促进技术创新和技术改造的政策、法规和措施，为企业营造产学研合作的良好创新氛围，并主动引导、激励、规范企业通过产学研合作开展技术创新，尤其是充分发挥西部地区各级政府在西部大开发中具有的政策优势，通过相关政策的完善和发挥来扶持西部高校的产学研合作与创新。

以重庆为例，近几年来虽然制定了一些有关的政策法规，但关于产学研合作的政策，仅见于《重庆市促进科技成果转化条例》、《重庆市科技创新促进条例》和财政部、国家税务总局一些促进科技成果转化的税收政策，远不能满足产学研合作中对政策和法规的需求。我们认为可以从以下两方面开展。一是成立专门机构来研究、制定专门的产学研合作法律规章，明确各主体的权利义务、合作模式、组织结构、运行方式、利益分配、激励机制、管理办法等。二是研究制定促进产学研合作的一揽子税收政策。财政部、国家税务总局对促进科技成果转化有关税收政策和对科研单位取得技术转让收入免征营业税的税收优惠安排，很大程度上促进了高校、科研院所技术溢出的产学研合作。今后应该加大对企业主动开展产学研合作的税收优惠政策的扶持力度，如企业研究开发经费要有一定比例用于产学研合作；企业与高校、科研院所建立紧密合作关系，共同培养创新人才，联合开展创新活动，应等同高新技术企业税收优惠待遇；等等。

第八章 重庆工商大学产学研合作培养经管类人才的探索与实践

重庆工商大学是一所经济学、管理学、文学、工学、法学、理学、艺术学等学科协调发展、具有鲜明财经特色的多学科性大学。学校由中央和地方共建，以重庆市政府管理为主，被国家确定为西部"一省一校"重点支持高校和中西部基础能力建设工程重点支持高校。

学校紧密结合区域经济、社会发展的人才需求，创新人才培养模式，着力培育具有创新精神和实践能力的复合型、应用型、高素质专门人才。截至2013年9月，共有在校全日制普通本专科学生、研究生30 000余人；教职工近2100人，其中专任教师近1600人，具有高级职称的教职工700余人，具有博士、硕士学位的教师近1000人。设有22个学院（中心）及2个独立学院，71个本科专业。学校坚持扎根重庆、立足西南、服务全国、面向世界，不断深化以广泛的国际合作为纽带，以多种形式、不同层次的校地、校企合作为基础，以全方位的产学研合作为突破口的开放办学思路。

第一节 重庆工商大学产学研合作培养经管类人才的背景

一、我国高校经管类专业产学研合作的发展历程

经管类专业除基础理论课程外，相当多的教学内容都必须联系社会主义市场经济实际。国际、国内经济形势的变化，经济管理法律法规政策的改革，行业产业的新准则、新动向，企业的治理结构、技术工艺的进步等都可能影响经管各专业的教学。因此，经管类专业的教学活动非常强调理论和实践紧密结合，学生必须将所学理论知识运用于社会实践，并用社会实践来充实、完善、引导专业学习。各高校一般都要求经管类专业学生在高年级的时候到企事业单位进行专业（毕业）实习，并撰写毕业论文。这应该是我国经管类专业采用最早、也是最普遍的产学研结合模式。

1991年，"全国产学研合作教育协会"在上海成立。当时，正值我国从计划经济体制向社会主义市场经济体制转变。我国经管类专业的高等教育开始树立"面向市场"的人才培养观念，要求培养适应市场需求的"应用型人才"，其基本特征就是要提高学生的实践动手能力。在这一背景下，各高校开始在校内建立经管类教学实验室。其中，比较典型和普遍的是会计手工实验室，即让学生在实验室对凭证、账簿和报表的编制过程进行模拟训练。

与此同时,传统的高等教育观念也受到了很大冲击,特别是随着经管类专业研究生教育体系的逐步建立,学生创新能力的培养受到越来越多的重视,教学与科研结合开始成为教育界探索的课题。重庆工商大学会计学院从20世纪90年代初开始,就提出了"教学科研化"的改革思路,将科学研究的思维和方法贯穿于教学过程之中,通过启发式、研究式教学及引导学生开展科学研究,培养学生的综合能力尤其是创新能力,并取得了显著的成效。安徽财经大学、重庆理工大学等高校也采用了类似的产学研合作培养人才的模式,成效显著。

1997年,教育部下发《关于开展产学研合作教育"九·五"试点工作的通知》,确定"九五"期间在全国28所高校开展产学研合作教育的试点工作。此后,产学研合作教育开始在我国高校蓬勃开展。特别是随着计算机技术的迅猛发展,会计电算化、统计学等经管类专业的电子实验室开始广泛建立,教学软件也开始逐步普遍应用于经管类专业实验教学之中。在这一阶段,高校开始重视与企业的合作,建立产学研合作基地和更多的学生实习基地,共同开展科学研究和人才培养工作。

2002年,国务院发布《关于大力发展职业教育的决定》(简称《决定》),明确提出要依靠行业企业发展职业教育,推动职业院校与企业的密切结合,要求大力推行工学结合、校企合作的培养模式。《决定》的出台,大大加快了我国高等职业教育产学研改革的步伐。此后,高等职业院校开始探索企业合作模式(将企业搬进学校)、工学交替模式(生产和教学相结合)、校企资源互动模式(师资、案例、研究成果等资源共享)、"订单"式培养模式等多种校企合作模式,并取得了良好效果。应该说,我国高等职业教育在经管类专业校企合作培养人才方面的改革探索走在了本科院校前面,以至于长期以来产学研合作教育一直被作为高职高专的人才培养模式加以推广,而在本科特别是重点本科院校的教学改革中并未引起足够的重视。近年来,这种情况有所好转,工学结合、校企合作的培养模式也逐渐在普通本科院校得到重视和应用,校企合作的层次不断得到提升。

2005年,教育部为推进高校加快实验教学改革、培养大学生的创新精神和实践能力,启动了国家级实验教学示范中心建设和评审工作,并在"十一五"期间立项建设29家经管类国家级实验教学示范中心。各实验教学示范中心坚持教学科研结合、校企合作原则,不断深化产学研合作体制、机制改革,实验室建设和实验教学取得了突飞猛进的发展。

2012年,教育部印发《关于全面提高高等教育质量的若干意见》(简称

《意见》），提出实施卓越工程师、卓越农林人才、卓越法律人才等教育培养计划，以提高实践能力为重点，探索与有关部门、科研院所、行业企业联合培养人才模式。根据《意见》精神，很多经管类高校已开始探索实施"卓越会计人才"、"卓越金融人才"等产学研合作培养经管类人才的新模式。

目前，产学研合作培养人才的必要性和紧迫性已成为高等教育界和社会各界的共识。各高校尤其是地方财经类院校都应充分发挥自身特色和优势，与行业企业、科研院所紧密联系，通过产学研合作办学，进一步提升学校的人才培养、科学研究、社会服务、文化传承与创新的质量和水平。

二、重庆经济社会发展现状对经管类专业人才培养的需求

2010 年，重庆 GDP 达 7925.58 亿元，人均 GDP 达 27 596 元，两者均比直辖前的 1996 年增长了 5.03 倍；GDP 年均增长率为 13.69%，首次高于同期全国年均增长率 0.54 个百分点，特别是"十一五"时期年均增长率达 17.89%，高于同期全国年均增长率 1.23 个百分点（李波，2012）。尽管直辖以来，重庆经济保持了健康快速的发展态势、经济总量显著提升、产业结构和所有制结构不断优化，但是重庆的经济结构仍存在着突出问题，主要体现在重庆 GDP 总量占全国的比重有待提高、人均 GDP 还未达到全国平均水平、全员劳动生产率的水平相对较低、第三产业增加值总量与占比偏低、城乡居民消费水平对比差距较大。重庆目前的经济结构现状迫切需要我们进一步优化产业结构，大力发展第三产业，加快农村劳动力转移和城市化进程，提高全员劳动生产率，促进区域经济协调发展。

在重庆经济社会快速发展和产业结构优化调整进程中，必须高度重视高素质经管类人才的培养；要大力发展第三产业，就必须更加重视第三产业尤其是现代服务业领域的人才培养。当今第三产业的竞争更多的是技术和知识的竞争，而人力资本的素质是构成第三产业竞争能力的生产要素。只有提高了第三产业的经管类人才质量，才能提高第三产业的组织与管理水平。重庆第三产业发展滞后在很大程度上也是受到人才短缺的制约。因此，重庆工商大学和重庆其他高校都应深刻认识到经管类专业的人才培养模式必须进行突破性的改革，才能适应重庆经济社会建设和产业结构调整及第三产业发展的需要。

然而，按传统模式培养的经管类专业人才已越来越难以适应重庆经济社会发展的要求，人才供求出现较大错位和结构性矛盾。究其原因，主要在于重庆

地区产业规模普遍较小、中小企业多、第三产业欠发达，对人才的应用能力和开放思维要求更为迫切。而重庆工商大学和西部地区同类高校一样，教师受传统的只注重知识灌输的教育思想观念的影响较东部高校教师更为严重，教育教学改革路径更窄、效果更差，教学内容与社会经济发展的现实要求脱节，教学方法与教学手段单一，实验教学依附于理论教学，实训实习无法落到实处，"双师型"教师资源匮乏，培养出来的学生对行业企业的业务流程不熟悉，对政府的经济政策意图和发展规划不了解，毕业生实践能力弱、适应能力和竞争能力较差，不能满足社会和用人单位的需要。

为解决这些问题，重庆工商大学以人才培养模式改革与创新为抓手，依托现有学科专业，创立了以学校为主体、政府为主导，各相关企业和研究机构参与、政产学研各司其职的财经类行业学院；并与行业企业深度合作共建新专业或应用型专业；还为满足相关专业特殊人才培养目标的要求，与10余家国内外知名企业合作举办以具体专业或班级为载体的特色项目班；同时与上百家上市公司及行业领军企业签订产学研合作协议，在校内外建立起成系列的实习实训基地，在真实环境中培养相关专业学生。经过几年的探索与实践，学生的创新精神和实践能力有了质的提升，实现了地方高校与行业企业合作培养经管类人才的模式与体制、机制创新。

第二节　重庆工商大学产学研合作培养经管类人才的探索与实践

一、产学研合作培养经管类人才的总体思路

产学研合作是重庆工商大学人才培养模式改革系统设计的核心理念，而创新高校与行业企业合作培养人才的模式与体制、机制是产学研合作的关键环节和根本要素。产学研合作既可以实现与行业企业合作培养人才，帮助学生不断实现理论知识的转化，更可以为高校与行业企业合作培养人才提供设计思想、教育教学的资源和现实场景，实现社会需求、企业主体与学校教育目标的融合与协调；产学研合作不仅可以拓宽学生视野，使之获取与专业学习有关的新知识、新信息，还可以帮助学生验证这些新知识，实现新的市场需求信息与既有的专业知识体系的相互补充、融合，培育学生的创新能力。

2002年以来,重庆工商大学从改革传统封闭的办学模式入手,系统设计了多种产学研合作方式,构建起学校教育与社会需求之间的联系平台与衔接机制,积极引进优质教育资源,创新高校与行业企业产学研合作培养经管类人才的模式,包括创办政府主导的合作办学学院、联合举办相关专业、合作举办特色项目班、共建实验实训室和实习基地、共同打造创新创业教育平台等,逐渐形成日趋完善的人才培养机制,取得良好的办学效果,赢得了社会的广泛认同。

二、产学研合作培养经管类人才的模式与体制构建

(一) 创办政府主导的合作办学学院

争取重庆市委、市政府的支持,创立由市级相关部门牵头,以学校为主体、政府为主导、各相关企业和研究机构参与,政产学研各司其职、重庆急需的财经类行业学院——重庆金融学院,培养适应重庆发展、满足行业需求的中高端金融人才。该学院实行理事会领导下的院长负责制。理事会是市政府和学校为了加强对学院建设的决策领导和宏观指导,并推进和保证学院的创新体制、机制和开放式办学而设立的组织,由政府部门、金融机构和学校联合组成,履行研究和制订学院章程、发展规划、培养方案及院长遴选、师资聘用等职能。

(二) 与行业企业联合举办相关专业

与行业企业深度合作共建新专业或应用型专业,充分依托行业企业的优势,共同制订人才培养方案、设计课程体系、建设实训实习基地、培养"双师型"专业师资,为这些专业的建设与发展起到立竿见影的作用。

一是从1996年开始,重庆工商大学与中新会展公司联合创办会展策划、会展经济与管理等专业,校企双方共同设计专业人才培养方案。学校推荐该校教师加入重庆市会展协会;企业承担8门专业核心课程的教学任务,接纳2名教师长期在企业挂职锻炼,并提供学生参加重庆教育展、高交会、农科展、农交会等会展实践的机会等。

二是从2010年开始,重庆工商大学与重庆旅游控股集团有限公司开展校企合作,先后聘请该集团的渝之旅旅行社从老总到中层管理人员共10余人进入学校担任专业课教学任务,并安排旅游管理专业学生每学期(含假期)进入渝之旅总部、各门市开展不低于30个工作日的顶岗实训,选拔大三年级40%的学生

进入各门市带薪实训。

三是从 2011 年开始,重庆工商大学与中国最大的软件外包企业北京中软国际教育科技有限公司签订联合办学协议,双方深度合作共建软件工程专业。北京中软国际教育科技有限公司重庆中年教育咨询有限公司技术总监担任该专业导师,全程参与该专业人才培养,并结合大唐电信集团、华为科技有限公司等用人企业需求制定以 .net、java 为中心的人才培养方案,同时企业承接了 8 门专业核心课程的教学任务和每学期 10~15 学时的集中实训,并为大学四年级学生开展为期 4 个月的实战训练,充分发挥校企合作优势,最大化地培养软件工程专业学生。

(三) 与境内外企业合作举办特色项目班

重庆工商大学为会计学、金融学、财务管理、市场营销、旅游管理等经管专业设计特殊的人才培养目标要求,与 KAPLAN(中国)教育投资管理有限公司等联合创办英国特许公认会计师(ACCA)、英国皇家特许管理会计师(CIMA)、美国特许金融分析师(CFA)、国际结算师(ISM)等国际化人才培养特色项目班;与重庆太极集团、重庆啤酒集团、万豪国际酒店集团、洲际酒店集团、苏宁电器等 10 余家国内知名企业合作举办太极班、重啤班、万豪班、洲际班、苏宁班等特色项目班,校企双方共同制订特色项目班的人才培养方案、课程体系、教学内容和实训实习要求,共同开展教育教学,共同打造行业急需的高素质国际化或行业精英人才。

(四) 与行业企业共建实验实训室和实习基地

与上百家上市公司及行业企业签订产学研合作协议,在校内外建立起成系列的实验实训室和实习基地,在真实环境中培养学生的实践能力。

一是在校内共建实验实训室。重庆工商大学与上海派金科技有限公司共建"商道=——企业经营决策模拟实验室",获赠价值 10 万元的相关教学软件;与瑞智汇达科技(北京)有限公司签订战略合作协议,共建"多组织企业经营决策实验室",获赠价值约 70 万元的"多组织企业经营决策训练系统"设备和软件;与中新会展共同设计并建成会展策划实训室;由洲际酒店集团投资,校企合作在校内共同建成洲际假日标准间、洲际假日快捷标准间等实训室。

二是在校内建立企业科研工作站或工作室。2010 年 4 月,重庆和勤会计师事务所在该校经济管理实验教学中心设立"重庆工商大学和勤创新创业中心",作为该校学生开展全真实验和创新创业的基地。该中心总经理由重庆和勤会计师事务所派出,副总经理及其员工均由重庆工商大学教师和学生担任,该中心除承担重庆和勤会计师事务所的部分业务外,还带领学生自主开展其他创新创业活动。2010年10月,中银国际证券有限公司在该校经济管理实验教学中心建立"重庆工商大学中银国际工作室"。该公司派员工常驻中心,不定期为该校学生举办投资理财讲座,与该校经管实验教学中心共同组织大学生投资理财模拟大赛,参与指导"股市沙龙"、"启智论坛"、学生俱乐部等工作。

三是在企业建立实训实习基地。2010年5月,重庆工商大学经济管理实验教学中心在重庆和勤会计师事务所建立"重庆工商大学经济管理综合实训基地",为该校会计学、财务管理、税务、工商管理、工程管理、人力资源管理、市场营销、商务策划等专业学生提供实习平台。2010年10月,该校经济管理实验教学中心在中银国际证券有限公司建立"重庆工商大学经济管理综合实训基地",为金融学等相关专业学生提供实习平台。同时,该校还建立了以重庆啤酒集团、重百集团为主的营销类专业的实习基地,以苏宁电器、永辉超市等为主的连锁经营、物流管理等专业的实习基地,以万豪国际酒店集团、洲际酒店集团等为主的旅游管理(酒店方向)专业的实习基地,以重庆武隆仙女山风景区、重庆湖广会所等为主的旅游管理(导游方向)专业的实习基地等。

通过与行业企业合作共建实验实训室和实习基地,既有效增加实践教学基地的种类、设备、软件和其他资源,又解决学生与社会现实活动和需求脱节的问题。

(五) 共同打造创新创业教育平台

坚持以赛促学、以练促学,重庆工商大学积极联合行业企业共同举办学科竞赛、技能大赛和创新创业中心,进一步增强学生的创新精神和实践能力,培养团队精神,锻炼领导才干。

一是共同举办学科竞赛和技能大赛活动。2009年3月至5月,在重庆啤酒集团、洲际酒店集团、幸福人寿保险股份有限公司等企业的大力支持下,重庆工商大学首次成功举行营销技能大赛、会计技能大赛、导游技能大赛、酒店技能大赛及创意演示大赛等技能大赛;之后,该校相继承办了2011年全国高校市场营销大赛重庆分赛区比赛、用友杯全国大赛重庆赛区决赛(2次)、重庆高校营销策划大赛和全国管理模拟决策大赛总决赛等。

二是共建创新创业中心。2010年，重庆工商大学在重庆旅游控股集团有限公司渝之旅旅行社的大力支持下成立了大学生旅行社（渝之旅北滨路门市部），与重庆中旅集团合办"中国旅行社工商大学门市部"，两个旅行社均由学生操盘、专业教师和行业人士指导。2011年，在洲际酒店集团、希尔顿酒店集团的支持下，该校成立"青年咖啡馆"；并在合作企业的支持下，成立了重庆金桥社会调查中心等18家创业实训公司（表8-1），这些公司均由教师和业界精英指导，学生主体经营（职员以学生为主），其经营范围与归属学院举办的专业一致，以实现专业实训和创业实践有机结合。

表8-1 创业实训公司一览表

序号	公司名称	归属学院	序号	公司名称	归属学院
1	重庆金桥社会调查中心	数统学院	10	重庆丙正旅游咨询公司	旅游学院
2	重庆益众校园文化传媒公司	商策学院	11	创鑫税务咨询公司	财金学院
3	重庆天合管理咨询有限公司		12	创鑫金融控股公司	
4	君尚文化传播公司	社公学院	13	财务会计咨询服务中心	会计学院
5	重庆民悦社工服务中心		14	重庆海纳电子商务公司	
6	百睿聚人力资源公司	管理学院	15	和勤创新创业中心	经济管理实验教学中心
7	中庸之道管理系统工作室		16	重庆聚智网络公司	
8	重庆互瀚信息科技公司	经贸学院	17	图文服务中心	
9	重庆易览会展公司		18	桃园创业茶吧	

三、产学研合作培养经管类人才的机制创新

（一）共同组建管理机构

重庆工商大学除在重庆金融学院成立了由政府部门、金融机构和学校联合组成的理事会，实行理事会领导下的院长负责制外，还在其他校企合作共建的相关专业、特色项目班、实验实训室和实习基地（含企业科研工作站）、创新创业中心等机构中，与行业企业联合成立管理委员会，建立合作单位"联盟"，共同组建管理机构和领导班子。

（二）共同打造专业培养体系

重庆工商大学各学院均设立了政产学研人员共同参与的专业建设委员会，共同制订人才培养目标，共同设计课程体系，共同开发特色优质教材或课程教

学软件，创新课程设置和教学内容、方法和手段。

一是共同开发特色优质教材。该校经管实验教学中心在合作企业的支持下，与各学院专业教师一道，编写出版"经济管理实验实训系列教材"（《企业经营决策与管理综合实训》、《"3S"与区域经济综合实训教程》、《供应链模式下物流与电子商务综合实训教程》、《创业综合模拟实训教程》、《投资理财综合实训》、《管理实验教程》、《统计学实验》、《管理信息系统实验》、《纳税检查实训》、《社会科学数据处理软件应用》、《统计学基础实验（SPSS）》、《物流业务流程实验教程》、《职业经理人系统思维训练》等共13本）。

二是共同开发课程教学软件。该校经管实验教学中心于2012年与北京溢润伟业软件科技有限公司共同研发"创新思维能力训练系统"，与瑞智汇达科技（北京）有限公司共同研发"房地产企业经营管理3D实训系统"。其研发模式为：该校教师提供智力支持，公司人员负责研发。目前这些软件已应用于该校相关课程教学，并开始推向市场。

三是探索"工学结合"顶岗实践教学新模式。例如，在旅游管理专业日常教学中实行"2+3"学制，学生从大二起2天在校内学习，3天在合作企业顶岗实践；在经管类相关专业按大一、大二、大三的年级不同，分别于寒暑假在合作企业开展勤工助学、顶岗实践等活动。这种教学新模式充分整合学校与合作企业的教育环境和资源，把以课堂教学为主的学校教育和直接获取实际经验的工作实践有机结合，创新了产学研合作教学模式。

（三）合力培养教学团队

探索建立"双师型"教师使用和合作培养新机制，将企业有教师潜质的管理者和专业技术人才引入教育教学活动，为来自企业的教师制订教师资格认定和职称评定管理办法，同时选拔有条件的校内教师到合作企业挂职培养，并对进入合作办学学院、合作共建专业或经管实验教学中心等的高校和企业人员实行"双兼职"、"合同薪酬"，双向培养"双师型"教师。例如，重庆工商大学组织30余位教师进入万豪酒店集团、苏宁电器、永辉超市、北京中软国际教育科技有限公司等企业进行挂职实践、参加行业前沿理论培训；聘请北京中软国际教育科技有限公司项目总监周洁、洲际酒店集团大中华区营运总监王旭、渝之旅旅行社副总经理和市场部经理陆旭等担任企业学业导师，"双师型"教师占专任教师的25%；经管实验教学中心开设的"开放实验"课程，其任课教师中有20%是来自中银国际证券有限公司、重庆天健会计师事务所、重庆铁马集团、重庆市林业局等企事业单位的专家。

(四) 共建共享平台基地资源

在重庆工商大学或行业企业中共建产学研一体化平台/基地，如"重庆工商大学和勤创新创业中心"、"重庆工商大学中银国际工作室"、"3S 与区域经济实验室"等，创新了高校与行业企业资源共享、互利共赢的长效机制。

第三节 特色与亮点

一、探索形成了与行业企业合作培养经管类人才的机制

通过对各种形式的经管类专业产学研合作实践的长期探索和国家及省部相关项目的研究、创新实践，形成了高校与行业企业共同组建理事会、管委会等管理机构，共同制订培养目标，共同设计课程体系，共同开发特色优质教材，共同创新教学内容方法，共同建设实践教学基地等常态化、规划化的管理体制和人才培养机制。其获得的成果在国家教育体制改革试点项目《创新高校与行业企业产学研合作模式》的中期检查中得到教育部领导和专家的好评。

二、创新了高校教师的使用和培养机制

通过"请进来"、"走出去"，以及对进入合作办学学院、共建专业或经管实验教学中心的高校和企业人员实行"双兼职"、"合同薪酬"，创新了高校教师的使用和培养机制，形成高校与行业企业人员双向挂职、双向培养"双师型"教师的互动机制。

三、创新了经管类专业实践教学的内容、手段与方式

在校内外共建经管类实验室、实训中心、实习基地及企业科研工作站(室)等产学研一体化基地，共同研发教学软件、改革实验教学方法，完善了经济管理类相关专业实践教学基地建设的内容、项目并创新了实践教学的手段和方式。

第四节 产学研合作培养经管类人才的成效

一、经管类专业教育教学资源大幅提升

产学研合作促进经管类专业教育教学资源大幅提升。新增旅游与会展实训室群、连锁物流实训室群、营销策划实训室群、金融财务实训室群、信息化实训室群、创新创业实训中心等校内实训室 40 余间，占地面积 5000 平方米，资产总额约 1500 万元；新增实习基地 53 个，毕业实习点遍及全国 13 个省市或地区。

二、促进了经管类专业学科的建设与发展

依托产学研合作主体，重庆工商大学先后新增商务策划管理、电子商务、工程管理、投资学、税收学、审计学、国际商务等新专业，推动了应用经济学、工商管理、统计学、管理科学与工程等一级学科硕士点的建设与发展，应用经济学、工商管理、统计学、管理科学与工程等均获批重庆市一级重点学科。

该校经管类专业获批市场营销、会计学、国际贸易与经济、经济学 4 个国家级特色专业，工商管理等 6 个市级特色专业，"旅游管理'前店后校'人才培养创新试验区"等 4 个市级人才培养模式创新实验区，"会计学专业教学团队"等 7 个市级教学团队，"区域经济学"国家级精品课程和"管理信息系统"等 10 门市级精品课程。

该校经济管理实验教学中心于 2007 年获批"国家级实验教学示范中心建设单位"，先后获得高等学校国家级实验教学示范中心联席会学科竞赛"优秀组织奖"（2009 年、2010 年）、"最佳贡献奖"（2010 年）、"最佳组织奖"（2011 年），重庆工商大学"实验室建设先进集体"（2010 年、2011 年）、"质量工程先进集体"（2010 年）、"学科竞赛先进集体"（2011 年）等多项荣誉。除此之外，该校"应用技术实训与创业中心"硬件设施到位、功能齐全、特色鲜明，并成功申报获批重庆市高校实验教学示范中心（2011 年）。

三、经管类专业师资队伍建设成效显著

通过持续多年的产学研合作人才培养,该校师资队伍结构更趋合理,"双师型"教师占专任教师比例达25%,其中重庆金融学院的"双师型"教师超过50%,经管实验教学中心外聘行业企业"双师型"教师达25%。

推进了高层次人才的引进和培养,重庆金融学院成功引进长江学者潘和平担任副院长,应用技术学院院长李定清教授因主持该院工作的突出贡献被评为重庆工商大学首届教学名师。

建设了一支专兼结合的高素质实验教师队伍。"经济管理实验教学团队"于2008年被评为"重庆市市级教学团队"。2007年以来,出版《经济管理实验教学平台建设研究》专著、2部论文集和21部系列实验实训教材,主持省部级以上实验类教改课题14项,发表实验类教改论文80篇。

四、学生的创新精神和实践能力显著增强

该校学生创新精神、实践能力和创业能力显著增强。据不完全统计,2007年以来,该校经管类专业学生获得全国大学生数学建模竞赛等全国性奖励36项。该校在全国大学生管理决策模拟大赛中,连续四年(2009~2012年)均有2支团队进入总决赛并取得优异成绩,是目前全国财经类院校的最好成绩;在全国高校市场营销大赛荣获全国总决赛一等奖(2010年)。

2011年,该校学生共获得国家级学科竞赛奖励48项,省级学科竞赛奖169项,分别大大超过2006~2010年获国家级奖励总数(33项)和省级奖励总数(147项),创历史最好成绩。截至2012年9月,该校学生在各类刊物上公开发表论文700余篇(其中核心期刊50余篇)、学术作品550余篇,充分展示该校在培养学生创新精神和实践创新能力方面的成效。

五、经管类专业人才培养质量大幅提升,得到社会和用人单位的广泛认可

该校初次就业率多年一直列重庆普通高校前列,2011年就业率达95.9%,列重庆市普通本科高校首位;该校毕业生就业质量逐年提高,2011年进入世界

500强、中国500强、重庆50强等高质量就业单位,以及考取研究生、机关公务员的人数比例达40.19%;该校连续被评为重庆市毕业生就业工作先进集体,2012年获教育部"2011~2012年度全国毕业生就业典型经验高校"荣誉称号(全国就业50强)。根据重庆工商大学对"用人单位满意度"的统计,各用人单位对重庆工商大学的毕业生质量表示满意和较满意率达90%,对该校毕业生的敬业精神、动手能力、适应能力与创新精神等方面给予了较高评价。

校企合作提高了学校的美誉度、知名度,该校经济管理类专业及ACCA、CFA、CIMA等特色项目班生源充足、质量高;经济学、国际经济与贸易、金融学、会计学、财政学、财务管理等6个经管类专业从2012年开始已进入一本批次招生。

第九章 重庆工商大学艺术类专业产学研合作办学的探索与实践

第一节 重庆工商大学艺术类专业产学研合作办学的背景

一、重庆工商大学艺术类专业发展的瓶颈

重庆工商大学的艺术类专业始于 20 世纪 80 年代，1988 年前后开办的原重庆商学院商业美术系和原重庆渝州大学包装工程系都从事艺术设计类教育，其中原重庆商学院商业美术系偏重于装饰艺术和环境艺术等商业美术，而原重庆渝州大学包装工程系则偏重于食品包装等工业设计艺术。2002 年，渝州大学与重庆商学院合并组建重庆工商大学时，重庆工商大学的艺术类教育已顺应全国高等教育发展趋势从每年招生 80 人左右、在校全日制学生 200 多人发展成每年招生 200 多人、在校全日制学生近 1000 人，属于学生规模发展较快的专业。尽管全国高校和重庆高校该类专业在同时期内学生规模增加都很快，但学生的培养却与市场需求脱节。社会急需的具备艺术类专业技术、知识、能力的人才难以寻求，而大量的艺术类专业毕业生又求职无门。这种现象的根本原因是传统艺术类教育不了解市场经济发展对艺术类人才的具体需求，无法对学生开展有针对性的教育，而在传统体制下培养出来的老师，单靠自己的努力在短时期内根本无法改变这种状况。要想改变这种状况，必须依靠从市场中滋生出来的力量，即在市场竞争中靠人才和优秀的艺术设计实力胜出的企业。于是，走产学研合作发展艺术类专业的思路就这样形成了。

具体来说，2000 年前后，重庆工商大学设计艺术学院陆续开设了工业设计、摄影、动画等新专业，初步解决了专业单一，学生就业集中在装饰、平面设计行业等就业面狭窄的问题。但是在毕业生就业工作的调查中，该校也看到了问题。这些问题主要表现在学生所学知识陈旧和与社会需要错位等方面。例如，有的专业的学生在校期间所学软件在设计公司根本不用，常用的又没学，等等。由于学生培养模式陈旧、单一，学生动手能力不强，学生在校期间没有较多的接触实际项目，没有实习实训经验，创意设计能力不强，因此在就业竞争中有的学生没有核心竞争力，不太受社会的欢迎，往往被就业单位以没有实际工作经验为由拒之门外。这使学校清楚地意识到，自己的人才培养与社会的需求还有很大的距离，只有尽快改变这种状况，重庆工商大学的艺术类教育才可能满足社会需要，真正得到发展。

此外，地方大学培养的艺术类专业应定位为应用型，要提高毕业生的培养质量，需要切实提高学生的动手能力，需要得到社会、行业第一手的人才需求信息；还需要掌握行业发展的新趋势、新技术、新理念；需要一支掌握最新设计理念和技术的、有丰富实际操作经验和创意能力、能驾驭实际工程的师资队伍；需要在教学中引入实际工程项目或制作剧目让学生在项目中学习；需要建设高质量的、有先进设备、一定规模的学生实习基地。总之，要切实提高人才培养质量，就要彻底改革传统的培养模式，克服学校缺乏市场和行业信息、缺乏实验教学基地、缺乏学生学习及实践的实际项目、缺乏双师型教师的局面。因此，改善人才培养的顶层设计，切实开展产学研合作办学，向企业、直接向教育的服务对象和服务终端、向社会要教育资源和教育信息就成了学校突破人才培养瓶颈的新途径。

二、重庆建筑装饰行业和动画产业发展的特殊人才需求

改革开放以来中国建筑装饰业发展迅猛，在三十年时间里，产业总产值每年以两位数增长，到2011年已达到年产值2.35万亿元。但是，我国建筑装饰行业长期存在发展的不平衡性，总趋势是东强西弱。例如，苏州金螳螂建筑装饰股份有限公司、浙江亚厦装饰股份有限公司、深圳广田装饰集团股份有限公司、深圳市洪涛装饰股份有限公司等大型上市公司集中在东部沿海或是经济发达的地区，近20年来获全国奖的120余家企业主要集中在东部沿海或是经济发达的地区。其中，长三角、珠三角一带的建筑装饰企业各占30多家，共占总数的一半以上；其他获奖企业分布于山东、北京、重庆、湖南、湖北、河南、安徽等地，我国西北部数量则为零。广东、江苏、上海、浙江等地的企业保持着市场领先优势，具有较强的竞争力。全国建筑装饰前50强企业基本都在东部，这些企业的年产值都在一亿元以上。建筑装饰企业区域发展的特点，跟经济发展水平和地域特点有关。从全国的经济发展水平上讲，东部相对于西部在交通等各方面优势较为明显，但是这种现象在进入新世纪以来有所改变。随着我国西部大开发、中部崛起、东北振兴等发展战略的实施，中、西部地区的建筑装饰行业得到迅猛发展，建筑装饰行业市场从区域结构上将趋于平衡。特别是在北京奥运会、上海世博会、广州亚运会、深圳大运会、济南全运会等大型活动的筹建中，已经透支了当地的基本建设任务，当地装饰市场增长乏力。而中、西部地区装饰市场由于政策扶持力度大、增长强劲，使建筑装饰行业市场从区

域结构上更趋于平衡。中、西部资源型城市的迅速崛起，建设项目大、建设标准高、投资能力强，使当地建筑装饰市场发展很快。重庆作为西部经济发展中心城市，由于经济体制与机制改革的深化和房地产开发商的战略转移，业主结构也更加多元化，特别是随着大型装饰工程项目的推出、房地产项目的增加，建筑装饰企业之间的竞争也更加激烈。重庆的建筑装饰企业与东部发达地区企业相比起步晚，相对较为落后。这种竞争突出表现在重庆本地企业和东部发达地区的企业之间关于设计投标的白热化竞争。重庆建筑装饰企业清楚地看到的这种竞争就是设计师的设计理念、设计技术、使用新材料进行设计和施工的竞争，说到底，就是设计人才的竞争。

  我国国产动画产业到现在大体经历了三个阶段。第一个阶段是20世纪五六十年代原创动画的发展阶段，以《大闹天宫》、《小蝌蚪找妈妈》等动画影片为代表。这个阶段的作品画功精细、制作精良，但作品数量少，没有形成市场化、产业化。这个阶段的动画教育主要给我们国家培养了一批专业动画家、导演。第二个阶段是20世纪八九十年代国外加工片阶段。这个阶段是以海外动画制作产业向中国转移为特征。国内以深圳、上海等发达的改革开放前沿城市加工美国、日本著名动画片为代表。这一阶段，在美国、日本动画片要求严格的制作过程中，美国和日本等动画产业发达的国家的现代技术、理念传入中国，在国内培养了一大批掌握现代动画片创意、设计、制作技术的动画片制作、导演、制片、经纪人才。第三个阶段是21世纪以来国内经济高速发展、人民物质文化生活需求迅速增加，从而引起的动画产业化发展的新阶段。这个阶段从21世纪初开始，由于进口动画片远远不能满足人民群众的需要，呼唤中国的国产动画加快发展，中国的动画产业迎来了高速发展的机遇。而当时的重庆，发展动画产业最大的困难就是人才匮乏。在中国动画产业发展的前两个阶段重庆既没有形成规模的动画企业，也没有培养出满足需要的动画专业人才；重庆既没有像上海、东北那样的老动画基地及人才，也没有像深圳和沿海地区在加工片制作阶段积淀下技术和人才。重庆的动画企业本来就不多，而且90%都是小、散、弱、差，专业技术人才少，专项技术少，对重庆发展动画产业十分不利。但是重庆人口多，又有大量的青年学生喜爱动漫，有一定美术教育基础，适合发展动画产业。因此，培养专业的动画人才就成为重庆动画产业发展的关键。

三、重庆港鑫建筑装饰设计工程有限公司、美国云泰集团的发展情况及与重庆工商大学的资源互补性

重庆港鑫建筑装饰设计工程有限公司（简称重庆港鑫公司）是 20 世纪 90 年代中期发展起来的新型建筑装饰企业，以工装业务为主，发展势头强劲。作为本地企业，其在激烈的竞争中先后承接了重庆的机场航站楼装饰工程、重庆市委礼堂装饰工程、重庆人民大礼堂改造等有影响力的工程。进入 21 世纪以来，重庆的建筑装饰市场迅速增长，该公司由于技术和人才优势，率先在重庆获得了甲级设计资质和一级施工资质并有了较快的发展。在初步尝到了甜头以后，重庆港鑫公司制订了以人才培养和提高设计队伍素质为核心、靠优秀的设计师队伍和先进优良的设计理念提高市场占有率的发展战略。因此，依靠科技发展培养优秀人才，迅速提高公司设计人员的素质，建设一支高水平的设计师队伍成为公司发展的当务之急。

美国云泰集团是一家在美国夏威夷注册的公司，除了经营沙滩纺织品、教育地产等业务外，动画片投资制作是其主要业务之一。该公司在中国动画产业发展的加工片阶段进入中国市场，引进制作以美国原产动画片为主的动画片加工制作项目，积累了一批技术人才，掌握了国际国内动画片制作、发行市场信息，掌握了国内外动画片制作技术和设备使用技术。美国云泰集团在国际动画产业转移大潮中进入重庆。重庆作为中国西部地区不太发达的城市，其物价较低、人力资源丰富。但同时，该集团进入重庆时就跟其他动画投资人一样，深感重庆缺乏专业动画人才，尤其缺乏动画片创意设计和掌握现代动画制作技术的专业人才，而且只有靠在当地培养才能从根本上满足需要。

以重庆港鑫公司为代表的重庆建筑装饰企业和以美国云泰集团为代表的动画企业在重庆乃至西部占有较大的市场，有一定的发展基础，在 21 世纪初的发展中需要在重庆培养建筑装饰设计人才和动画设计制作人才。重庆港鑫公司和美国云泰集团都把建设一支专业的、高素质的、有设计创意能力的设计师、动画师队伍，以人才培养作为企业发展的基本战略。同时，重庆港鑫公司和美国云泰集团都聚集了一批技术骨干，了解市场信息，有较多的设计项目及动画片制作投资和项目，并且拥有行业的先进技术设备，处于行业的领头地位。例如，港鑫公司已具有设计重庆机场航站楼、重庆三峡博物馆、重庆大剧院的著名设计师、高级工程师周勃、尹端等，重庆港鑫公司已开始试生产建筑装饰集约化

工业化生产装饰部件产品；美国云泰集团除了接受国内外动画片制作项目以外，正投资制作自有知识产权的大型国产动画片《麦旦宝宝》；该公司已聚集起以我国著名动画专家孙哲教授、资深导演动画制作大师王运栋、宫小菲等在动画行业从事多年工作并掌握最新技术、设备、制作工艺的大师级人物，已经形成在国际国内有一定影响的动画片创意、设计制作的专家团队。

重庆工商大学在社会调研和组织学生到企业实习的过程中深刻意识到，这种应用型的艺术类专业在发展中遇到的瓶颈问题是大学教育传统模式导致的，是大学中缺乏社会实践资源、学生不能把学习和实践结合起来造成的。学生所学知识陈旧、脱离社会需要，是造成学生与社会需要脱节的重要原因。而打破教育瓶颈所需的市场资源、行业资源、技术资源，只有通过企业才能获得，所以实施校企合作办学、发挥校企双方的优势就成了必然。

第二节 建筑装饰艺术学院、影视动画学院的办学思路和体制构建

一、建筑装饰艺术学院、影视动画学院的办学思路和目标

重庆工商大学在校企合作的基础上，经过多年的研究探索，经过与企业协商，经过校党委的反复研究，于2007年做出开展校企合作办学的决定，迈出了校企合作办学实质性的一步——分别与重庆港鑫建筑装饰设计工程有限公司和美国云泰集团联合组建重庆工商大学建筑装饰艺术学院和重庆工商大学影视动画学院。两个学院都开设艺术类应用型专业，基本办学思路是：①开展校企合作办学，充分利用优质企业的行业资源、技术资源、教学资源、市场资源，共建实验室、实训基地、装饰设计和产品及动画产品的研发基地，打造双师型教师队伍，培养适合社会需要的、有创意能力的、经过实战项目学习和实践的、有实际经验的毕业生；②紧密结合行业发展的需要，经过与企业合作培养学生的行业意识、职业道德、专业技能、动手能力，培养与社会需求接轨的毕业生；③掌握人才培养信息，根据社会需要设立专业方向和人才培养目标，制定科学合理的培养方案，开展教育教学改革，培养应用型艺术创意设计人才。

重庆工商大学建筑装饰艺术学院和影视动画学院的办学目标是：通过办学模式的创新，将教学活动与企业的经济活动结合起来，培养出适合社会需要的

人才，建设高质量、高就业的设计教育品牌；通过若干年的努力，培养名学生和名教师，打造名课程和名专业，办出名学院。

二、建筑装饰艺术学院、影视动画学院的管理体制设计与构建

建筑装饰艺术学院和影视动画学院是校企合作办学的两个独立设置的项目，都有企业实质性的资金投入和教育资源投入。因为二者分别由重庆港鑫公司和美国云泰集团与学校联合设立，所以是两个独立核算的办学实体。

重庆港鑫公司是重庆建筑装饰行业的龙头企业，全国建筑装饰100强企业。其曾为重庆机场第一、第二航站楼，重庆会展中心，三峡博物馆，重庆轻轨车站，重庆广电大楼，重庆大剧院等著名建筑进行室内装饰、园林景观工程的设计和施工。从2002年开始，重庆工商大学艺术设计学院就与重庆港鑫公司签署了建设校外学生实习基地的协议，每年有大量环艺专业学生到公司见习和实习；2007年9月28日，重庆工商大学和重庆港鑫装饰设计工程有限公司签订了校企联合办学，共同建设建筑装饰艺术学院的协议。这种联合办学的基本点是：重庆工商大学以校名、校誉、师资和教学管理等无形资产及校园内兰花湖学生宿舍负一、负二、负三层框架房6000平方米作为对学院的投资，并投入每年的招生计划。重庆港鑫公司以货币出资人民币1000万元（用于兰花湖教学区内教学设施的建设、教学设备购置、教室及实训室装修、图书阅览室的建设等），同时以公司的无形资产和位于南岸茶园的港鑫创意产业园作为毕业年级学生集中实习的基地作为对学院的投入。公司派资深专家担任副院长，派专家及一线设计师担任专业课教师。公司为专业教学提供领先的技术信息、教学资源，包括结合行业实际为工作室教学提供实际项目，为教学内容、教学方法改革提供思路和措施等；公司为学院引入最新的行业资讯，包括本行业最新的人才专业知识结构需求信息、重庆就业岗位信息及帮助学院参加行业协会并与协会保持紧密协作关系等；合作办学双方各占学院设立资本的50%。学院财务由双方共同管理，账务设置在重庆工商大学财务处，独立核算。当年学费收入在执行预算后，结余的40%留给学院做继续发展的资金，剩余部分作为投资双方的管理费。

2007年10月起，重庆港鑫公司开始设计学院大楼，同年12月开工建设。到2009年9月，已完成建筑装饰艺术学院兰花湖教学区教学用房6000余平方米土建（墙体、地面、连廊建设）及室内装修和水、电、网络、广播、电视播放系统、安保系统安装工作。2009年9月，位于茶园新区占地百亩、投资近亿

元的港鑫创意产业园已基本建成并投入生产和使用。这个创意产业园的最大创新之处在于它将装饰艺术与信息技术结合起来，将过去常常需要个性化设计和手工劳作完成的装饰工程，变成能采用计算机集成设计、现代化生产设备批量加工、生产的新型工厂化艺术设计与加工。该创意产业园以生产基地的形式聚集了多位来自重庆港鑫公司、重庆建筑装饰行业及高等教育界的设计大师、教授专家，成为重庆港鑫公司和重庆建筑装饰、园林景观设计施工行业的原创基地；已建成建筑装饰施工产业化、集约化生产厂两个，被中国建筑装饰协会认定为西部唯一的全国十大建筑装饰业产业化生产基地；已按校企联合办学协议建成供学生实习使用的宿舍、食堂、专业教室、材料展示厅、工作实习室等生活、学习、实习设施。建筑装饰艺术学院的学生，能有 1~2 年的时间在创意产业园里边学习、边实践、边创新、边工作，为学生知识、能力、素质三位一体的培养提供了最好的师资、设备和现场模拟的环境条件。

美国云泰集团及其旗下的中国公司——重庆巴旗动画制片有限公司有 10 余年国外动画片（特别是美国迪斯尼公司动画片）的制作经验。该公司正在实施国产动画片的投资和制作计划，拥有动画片制作团队和先进的制作设备，并掌握了本行业的先进技术、有高端技术人才。同时，学校和重庆巴旗动画制片有限公司联合在校内建设动画实训基地，采用高端的设备生产动画片，为教学和学生实习、实训提供实际动画片制作项目。学生除了接受扎实的基本理论、专业基本知识技能的教育、训练外，还能在动画片的实际设计、制作和生产过程中学习和实训。校企合作的基本框架是：公司投入 600 万元的动画片后期制作图形工作站，并在合作期内为学院提供优质教育资源（包括行业发展前沿资讯、"双师型"教师、高端动画片制作人才、动画片设计制作软件等），在校内设立高端的实习实训工厂，开展动画片的生产、制作。学院财务独立核算，学院、学校、公司按 50%、25%、25% 分拨学费收入，分别开支教学成本、管理费、设备投入分成（学院经费包干使用）。

重庆工商大学建筑装饰艺术学院和重庆工商大学影视动画学院的院长由重庆工商大学选派，副院长由企业在有经验的设计师、导演中选派。两个学院的人事分配制度采用全员聘用制，打破铁饭碗、大锅饭，制订多劳多得、优劳优酬，教职工收入与学院发展挂钩，逐年增长的薪酬体系，做到学院教职工与学校在编人员同等待遇，并尽可能稍高，以便真正吸引人才。人事聘用做到唯才是用，严格考核，公正公开。

第三节　建筑装饰艺术学院、影视动画学院的
实际运行和发展

一、围绕社会经济发展需要，开展艺术类人才培养

建筑装饰艺术学院以重庆工商大学开设较早的、有一定优势的艺术设计专业环境艺术设计方向为主，并创造条件逐步开设建筑类专业。该学院的人才培养举措包括五个方面。

一是在行业企业专家的策划指导下，围绕建筑装饰产业的人才需要细化培养方向，努力拓宽培养渠道，为这个行业各个工序、岗位（如设计、设计效果图制作、工程图制作、施工管理等）培养急需的人才。经过调研，这个学院开出了建筑装饰工程施工管理、建筑装饰设计效果图及艺术表现（包括建筑动画）、古建园林景观设计等适应社会需要的新专业方向，使学院培养的人才几乎覆盖整个建筑装饰行业。

二是行业专家全程参与制订新的学生人才培养方案。在深入行业调研的基础上，学院专家、教师和企业专家一起，紧跟社会需要和行业的发展，准确定位，为培养学生的核心竞争力设置课程体系和教学内容。该学院把环境艺术设计专业毕业生定位为未来的设计师，使学生毕业时能做设计师的助手参与设计，经过在行业内多年的磨炼，将来可以成为设计骨干、设计大家。

三是改革专业课教学模式。专业课采用工作室教学模式，注重课内课外相结合、理论教学和实训实习相结合、理论与实际工程项目相结合的专业教学模式。

四是改革考试方式方法。改革考试方式方法，实施教考分离。公开展示、公开讲评学生的作业和考试试卷，在任课教师评卷的基础上，聘请专家组评分，形成任课教师评分与专家评分相结合的考试评分体系等。

五是强化实践教学环节，切实培养学生创意设计、动手能力。利用校企联合办学优势，建设稳定的校内外学生实训实习基地，打通学生工学结合、集中实训实习等培养动手能力的渠道。同时，制订措施，强化实践教学环节，培养与社会需求接轨的学生。

影视动画学院主要以动画专业为主，围绕动画产业的需要（如二维动画的

原画、动画、后期合成、场景绘制、二维无纸动画、三维角色动画、三维建筑动画、影视广告动画等）开设专业和专业方向，制订培养方案和课程体系。影视动画学院在行业专家的指导下，根据动画行业的就业岗位群和行业对人才的需要设计了学生的职业岗位、层次及相对应的专业方向和培养学生核心竞争力的方案和课程体系：开设了二维手绘动画、二维电脑无纸动画、三维角色动画、三维动画场景及三维建筑动画，后期合成，影视广告，游戏，动画周边产品开发等专业方向，使专业方向几乎覆盖了整个动画行业。同时，注重培养学生的美术基础和电脑基础，坚持培养学生三个基本功（或能力），即手绘、数字处理、创意能力。

二、开展教学实践基地建设，培养学生的创意设计能力

重庆工商大学建筑装饰艺术学院以环境艺术设计专业为主，到2012年，已有三届毕业生，在校全日制本专科学生780余名。影视动画学院以动画专业为主，已有两届毕业生，到2012年，在校全日制本专科学生近1000名。

从2007年开始，重庆港鑫公司设计建设了建筑装饰艺术学院教室大楼，建成多媒体理论教室5间500座，多媒体电脑CAD教室3间190座，多媒体网络专业教室（工作室）14间500座，基础课教室6间210座。购教学、办公电脑220台；新建高端电脑设计机房3个，购价值100万元的各种教学实验用专业课桌椅、办公家具等若干；完成学院专业阅览室建设，投入人民币20余万元，用于购买专业图书、期刊，满足了教学和学生学习需要。

影视动画学院已完成教学楼、实训基地的装修、改造工作，已建成多媒体教室及影视片播放室3间480个座位，电脑教室15间并配备了配套的家具设施，二维动画手绘专用教室15间，二维动画专用工作台450余座。同时，还建成影视动画后期制作实验室一个，由合作企业提供美国原产sgi图形工作站50套及配套的光纤系统。该实验室能容纳学院所有学生的动画片后期合成课程的教学实验、实习，已具备生产高端动画片的能力，能作为动画产业基地承担动画片的后期合成制片的生产任务，并且其合成片子的色彩、清晰度等指标优于国内一般动画片制作公司。例如，影视动画学院用这个实验室制作的动画片《孔子》就因为画面质量高、色彩合成效果好受到制片方的好评，承担起影视片实际项目生产制作、产学研一体化的教学实验实习基地的任务，为学生提供在动画片实际制作项目中边学习、边生产的教学平台，实现理论和实践在教学

中的紧密结合；影视动画学院还建成高端 pc 机电脑教室 2 个、配备电脑 100 台、座位 100 座，能满足三维动画软件运行及特技特效制作工作的需要，同时也能满足影视广告、建筑动画、动画片场景制作等工作室的教学、实训、实习的需要。

几年来，两个学院都已建成校内外成规模的实验、实训、见习、实习基地。建筑装饰艺术学院已建成占地 100 亩[①]的港鑫创意产业园，聚集多位重庆设计大师，建立"包豪斯"似的教学、设计、实习、生产体系；已在实习基地完善了生活设施；备有学生实习岗位；开展了大项目设计的组织工作。重庆工商大学建筑装饰艺术学院毕业年级的学生成建制地进入实习基地进行集中毕业实习，由合作办学企业提供设计项目和第一线的设计师担任指导教师。这样做解决了学生分散毕业实习项目、指导教师不落实，毕业实习收效甚微，甚至流于形式的问题，大大提高了学生的培养质量。为满足教学和实习需要。重庆港鑫公司也在建筑装饰学院内设立家装分公司，由第一线的设计师带着设计项目长期在学校带着学生完成设计和教学任务。近几年来，在校企结合的教学模式下，建筑装饰艺术学院学生在重庆港鑫公司的一线设计师指导下参加了重庆大剧院、重庆机场第二航站楼、重庆国泰大剧院、重庆轻轨站、重庆三峡博物馆、重庆会展中心、重庆人民银行办公大楼等著名装饰工程的设计和施工管理工作。学生参与其中学到了知识、受到了锻炼、增加了实践经验，做到了在设计中学习设计。用理论和实际相结合的办法培养应用型人才，使人才培养质量大幅提高。

重庆工商大学影视动画学院的合作办学企业已完成在重庆设立动画公司的注册工作，校企合作着力打造的校内实习基地已开始了有自主知识产权的动画片制作工作。稳固的实习基地在设备硬件和片源上可以满足学生实习、实训需要，为学生在实际项目中教学、实习、实训创造了条件。目前，影视动画学院的高年级学生可以选择在校内或校外的实习基地参加实际项目的创作。近几年来，影视动画学院的学生在教师的指导下，已完成动画片《孔子》（二维动画片，五集共 60 分钟，在中央电视台、山东电视台等播映）、《卖猪》（动画电影，参加前期设计、策划担负全部制作工作，参加东京动漫节并获奖，获 2012 年中国杭州国际动漫节金猴奖）、《永远的忠诚》（中央电视台 2011 年庆祝建党 90 周年重点献礼影片，于 2011 年 6 月底在中央电视台一套黄金时段播出，全部后期特技特效由影视动画学院师生制作）、《麦旦宝宝》（自有知识产权动画片，

---

① 1 亩=666.67 平方米

由影视动画学院师生设计制作，共 300 集、3000 分钟，已完成 10 集、100 分钟)、《青青校园》(以重庆工商大学学生校园生活为题材的自创自有产权动画，15 分钟)、《嘻哈游记》(三维动画片，已完成 10 集、120 分钟) 等多部电影、电视片的制作工作，学生在实际项目的设计制作中学习了知识、锻炼了能力、检验了所学的知识和技能，从根本上提高了学生的培养质量。

由于建立了稳固的实习基地，重庆工商大学建筑装饰艺术学院和影视动画学院已经有条件把集中实训和毕业年级集中实习在学生培养方案中固化下来，保证了人才培养的质量。

第四节　建筑装饰艺术学院、影视动画学院校企合作办学的特色与亮点

一、改变了传统的艺术类专业人才培养方式，人才培养质量大大提高

几年来，重庆工商大学建筑装饰艺术学院和影视动画学院探索形成了与行业企业合作培养艺术类人才的机制，改变了传统的艺术类专业人才培养方式，创新了教学模式。人才培养的资源、手段、方式得到改善和提升，使人才培养质量大大提高。

(一) 教育教学资源大幅提升

几年来，影视动画学院新增国际先进的以 SGI 图形处理器为核心设备的影视动画制作中心。该套设备是动画片后期合成的高端设备，具有速度快、清晰度高、色彩好、使用稳定的特点，既能满足教学的需要，又能满足学生实习、实训的需要，切实做到了让学生使用最先进的设备学习、学习最先进的技术。影视动画学院和建筑装饰艺术学院在教学中引进了价值近千万元的 may、3D max、flash、sketchup、CAD、AE 等行业通用和先进设计制作软件并将其用于教学和实验实训。占地 68 936 平方米、建筑面积 30 124 平方米、投资近亿元的港鑫创意产业园 (一期工程) 已基本建成并投入生产和学生实习实训使用。该创意产业园已按校企联合办学协议建成供学生实习使用的宿舍、食堂、专业教室、材料展示厅、工作实习室等生活、学习、实习设施，能为建筑装饰艺术学院毕业年级提供室内外环境设计、工业化装饰施工设计、建筑装饰施工管理、效果

图设计制作、家具设计、制作等项目的实习、实训。

近年来,校企合作的艺术类学院建筑装饰艺术学院和影视动画学院新增实验设备 400 余台(套),价值 2000 余万元;新增教学用教室、实验室、工作室等场地面积 1.2 万平方米;新增多媒体教室 10 余间;新增多媒体教室座位 1000 多个。

(二) 促进了相关专业学科的建设与发展

建筑装饰艺术学院、影视动画学院新增动画(动画设计与制作技术)、艺术设计(景观与室内设计)等专业方向,拓宽了艺术类专业为行业企业服务的渠道。由于有良好的"双师型"教师队伍和校内外实习实践基地的建设基础,该校正在创造条件建设艺术类专业硕士点,为学校艺术类专业提档升级创造条件。

校企合作办学扩大了学校艺术类专业的办学规模,建筑装饰艺术学院影视动画学院在校本科学生已达 1700 人,使重庆工商大学设计艺术类专业发展到 4000 人的在校生规模。同时,实训实习基地和师资队伍的建设促进了该校艺术类教育的发展,提高了办学质量,增强了学校影响力和竞争力,受到社会各界的认可和欢迎。

(三) 学生的创新精神和实践能力显著增强,学生培养质量明显提高

建筑装饰艺术学院的在校学生在重庆港鑫创意产业园实习中参与完成了体现重庆形象的重庆中国三峡博物馆、重庆若干轻轨车站、重庆江北国际机场新航站楼、重庆国际会展中心、重庆人民银行大楼、重庆大剧院、重庆国泰剧院等室内装饰工程的设计及施工管理任务。该学院的学生还先后获得了重庆市 2009 年建筑装饰设计大赛学生组一等奖,重庆市 2011 年高校大学生职业生涯规划大赛三等奖、第三届全国高校空间设计大赛优秀团队奖、第三届中国高校美术作品学年展优秀奖等。

影视动画学院的学生在影视动画制作中心参与了美国云泰集团承担的多部电视剧和二维、三维动画片的制作全过程。其中,参与了全片后期特技制作并记有校名的《永远的忠诚》作为中央电视台建党 90 周年献礼片于 2011 年 6 月底在央视一套黄金时段播出;参与制作了在央视播出的动画片《孔子》中的 3 集近 40 分钟;自主创作了动画片《青青校园》近 15 分钟。该院学生创作的多

格漫画作品在《重庆时报》25个版面同时刊登。影视动画学院王运栋老师带领二维工作室的学生与深圳"风"动画公司联合制作的动画电影短片《卖猪》，在2012年第11届东京国际动漫节动画大奖公募单元荣获最高奖。2012年10月，该学院董成教师团体带领学生创作的《廉政准则》，获教育部全国高校廉政文化作品大赛网络新媒体类二等奖。

建筑装饰艺术学院、影视动画学院学生毕业率和授位率都达95%以上。校企合作培养的学生质量高、专业素质好、动手能力强，毕业生受到社会欢迎。近三年来，重庆工商大学建筑装饰艺术学院和影视动画学院毕业生就业率都达96%以上。特别是在近两年国内相关调查统计机构连续发布动画专业毕业生就业难等信息，给动画专业挂红牌的情况下，影视动画学院的毕业生因为所学知识的专业性强，学生动手能力强，毕业生适应动画行业的人才需求、与行业零距离接轨而受到动画行业的追捧。

由于校企联合办学的特点，影视动画学院学生对动画的基本功及各种软件的运用和掌握情况都能满足社会的需求，因而学生在就业中有很强的竞争力。近两年来，有的学生到国内知名企业工作并成为行业的骨干。例如，2011届专科毕业生余毅就因为对动画行业的熟悉及其在设计制作环节受到的长期的训练，毕业后就被重庆知名的享宏动画公司聘请并担任制片工作。由于校企合作办学，学生的学习和训练都有相当的针对性，学生的设计创意能力和动手能力都较强，符合社会的需求。影视动画学院2008级专科学生梅静在校期间就担任过自主产权的动画片《青青校园》的导演、制片工作，其还未毕业就已经有用人单位提出聘用。由于学生在校期间学到了扎实的专业知识，又有丰富的实战经验，学生所学知识与行业对口，很多学生毕业后自己创业，开办公司。例如，建筑装饰艺术学院2011届毕业生鲁燕自己创业开了一家叫"千慕峰"的装饰工程有限公司，年产值已达五六十万元；2011届毕业生杨旭辉自己创业开办重庆富士达建设房地产开发有限公司，年产值已达千万元人民币；2011届毕业生周翔自己创业开办重庆亚亨装饰工程有限公司，年产值已达200万元左右；2012届毕业生李志涛自己开创了主要经营建筑材料的重庆林海木业公司，月产值已达百万；2012届毕业生艾洁自己创业开办搞室内设计和装饰施工的重庆市秀山县梁源装饰设计有限公司，年纯利润已达40万元左右。这些学生不仅自己创业，为社会创造财富，而且还带动了一大批人就业，为社会做出了贡献。

二、创新了艺术类专业教师的使用和培养机制，艺术类师资队伍建设成效显著

通过校企合作，艺术类专业师资队伍结构更趋合理，初步改善了艺术类师资短缺的状况。目前，影视动画学院、建筑装饰艺术学院的"双师型"教师达70人，占专任教师的比例为45%。

为建设适应校企联合办学的教学团队，建筑装饰艺术学院、影视动画学院采取特别措施培养"双师型"教师。例如，学院规定企业来的教师必须加强学历和职称的培训、提高，重点培养他们的学识、学术、理论素养及教育学、心理学等方面知识，学院为他们的学习提供条件，提出达到学历要求、职称要求的时间表，加速培养。同时，学院又规定来自学校的教师，特别是学历条件较好的青年教师，必须到企业挂职并参加实际投标、设计、施工、制作项目。学院把这些教师放到设计、制作的第一线上，使其尽可能独立承担项目，做一个合格的设计师、动画师、导演、制片。学院用这样的措施加速"双师型"师资队伍的培养，从培养人和建设队伍入手从根本上改革了培养模式。例如，合作企业的高级工程师周勃、尹端、雷秀君已经是著名工程的设计师了，他们现在正在攻读博士学位，这使得建筑装饰艺术学院将建立起具有博士学位和高级工程师职称的"双师型"骨干教师队伍；硕士毕业生章波和有海外留学经历的硕士张婷都有在企业挂职2~3年的实际工作经历，已经成长为"双师型"骨干教师；在企业工作多年的潘霞、田力、蒋莎莎等青年教师正在其他高校深造，提高学历，很快就会成为合格的"双师型"教师进入教学岗位。

影视动画学院来自企业的"双师型"教师王运栋有二十多年设计、制作、导演动画片的经历，其基础课教学认真、耐心，擅长工作室教学课程。他在几年的工作室项目教学工作中不分白天、黑夜、上课时间、下课时间耐心指导学生。他的工作室学生创作了近15分钟的动画片《青青校园》、创作了在国际国内获奖的动画片《卖猪》、制作了在央视播放的动画片《孔子》等高质量动画片，使学生在工作中学习，在学习中增强技能、提高能力。由于他的努力工作，为学院在本科阶段培养出了合格的原画人才，培养的学生受到了行业的欢迎和企业的追抢，王老师也因此受到学生的爱戴，被评为2012年学校优秀教师。

三、创新了艺术类专业实践教学基地的建设内容和实践教学的手段与方式

目前，重庆工商大学建筑装饰艺术学院和影视动画学院已建立起了港鑫创意产业园和影视动画后期制作实验室为代表的校内外实习实践基地，落实了人才培养所必需的实践教学环节。建筑装饰艺术学院已在培养方案中确定每届学生至少有一年的时间到港鑫创意产业园集中实习，推行"3+1"的人才培养模式。即每一届学生由港鑫公司提供机会，必须用一年的时间参加实际设计施工项目的设计、投标或施工管理。影视动画学院的学生培养方案已确定3、4年级学生进入剧组学习和实训，由合作企业提供适合学生制作的动画片制作项目，按学生培养方向进入课堂、实施项目制教学，真正做到学生在动画片的实际项目（剧组）中学习，把理论知识用于实践，边学习、边运用、边检验，工作中学习，学习中工作，真正做到理论和实践相结合，艺术和技术相结合，知识和技能相结合，使实践教学落到实处，创新了人才培养模式，产生人才培养的效益。

第十章 重庆工商大学文化传媒类专业产学研合作办学的探索与实践

第一节　重庆工商大学文化传媒类专业产学研合作办学背景

一、重庆市文化传媒行业发展的客观需求

（一）国家对文化产业发展的客观要求

文化不仅是经济的重要组成部分，是推动经济发展的重要杠杆，同时也代表着一个国家和民族的文明程度、发展水平。在全球化的今天，强大的文化就是强大的国际影响力，因此文化体现着国家的"软实力"，反映国家的国际竞争力。

新中国成立以来，特别是改革开放30多年来，我国经济增速长期高于世界经济增速。但是，无论从国际形势还是从国内发展看，相对经济发展的速度和规模，我国整体文化实力与经济实力及国际影响力很不相适应。

党的十七大和十七届六中全会对文化领域的发展和改革作出重大决策和全面部署，提出的不断深入推进文化体制改革，促进文化事业全面繁荣和文化产业快速发展，为社会主义文化大发展大繁荣奠定了基础。"十二五"规划将"传承创新推动文化大发展大繁荣"单独设篇，提出了"建立健全公共文化服务体系"、"推动文化产业成为国民经济支柱性产业"、"增强中华文化国际竞争力和影响力，提升国家软实力"的目标，对"十二五"时期中国文化发展作出了总体部署。通过贯彻、落实"十二五"规划的精神和各项任务，将进一步兴起我国社会主义文化建设新高潮。这对于夺取我国全面建设小康社会新胜利、开创中国特色社会主义事业新局面、实现中华民族伟大复兴具有重大而深远的意义。

（二）重庆市文化传媒产业发展的客观要求

通过实施"做大一批支柱产业、扶持一批传统产业、培育一批新兴产业"的"三个一批"的发展战略及近年来引导社会资金、民营资金对文化产业的注入，使重庆市文化事业一改当年低迷状况，呈现出勃勃生机。群众文化活动蓬勃开展，新闻出版和广播电视辐射力、影响力大大增强。以创意产业基地和文

化创意集聚区为载体的创意产业在重庆已粗具规模，动漫创意产业园已具雏形，软件设计创意产业园正在兴起，文化（传媒）创意产业园已完成规划，出版传媒创意中心开始形成。重庆广播电视集团（以下简称"重庆广电集团"）、重庆日报报业集团、重庆出版集团、重庆新华书店集团等新兴文化生产行业通过机制创新、资源优化整合，实力不断增强，市场竞争力得到不断提高。重庆文化产业实力和综合竞争力的显著增强，对文化传媒人才的需求也日趋迫切。

文化产业在沿海经济发达地区的发展尤为迅猛。以北京、上海、长沙为例，2011年其文化产业年增加值占全市GDP的比重分别为8.7%、8.3%和7.94%。而重庆文化产业相对起步较晚、层次不高、与重庆打造文化产业高地这一目标不相匹配。另外，重庆文化原创能力不足，资源潜力转化缓慢，产品科技含量不高，创新能力不强，同时还缺乏精品，尤其是人才缺乏，这些严重制约了重庆文化传媒事业的发展。因此，合作培养高层次文化传媒人才成为行业企业的客观需要。

(三) 重庆工商大学文化传媒类专业发展简况

重庆工商大学是重庆地区最早开办新闻传播学教育的高校，在重庆市具有先发优势和影响。1983年原渝州大学中文系在汉语言文学专业下面开设新闻学方向，1985年经上级主管部门批准，并报教育部备案正式开办新闻学专业。2002年原渝州大学与原重庆商学院合并成立重庆工商大学，根据学校整体发展战略部署和学科专业调整计划，两校新闻传播学专业资源进行整合，组建新的新闻传播学专业，教学科研能力进一步得到加强。2006年该校成功申报并获批传播学硕士点，并于2007年招收首届传播学硕士研究生，2010年获新闻传播学硕士一级学科；2011年新闻传播学获批重庆市重点一级学科；现有新闻学、广播电视新闻学、广告学、广播电视编导四个本科专业，新闻传播学一级硕士授权点包含新闻学、传播学、传媒经济学、广告学四个二级硕士授权点；获得国家社科基金5项，国家部委课题18项，省部级以上科研课题20多项，省部级教改课题5项，在国内权威刊物《新闻与传播研究》、《国际新闻界》、《现代传播》等刊物发表论文17篇，CSSCI刊物100余篇，其中被《人大报刊复印资料》、《中国新闻年鉴》、《中国报业年鉴》等收录或索引20余篇。学生曾获得第九届全国新人大赛电视节目主持人大赛银奖、第六届全国大学生电影节优秀纪录片奖、全国大学生广告艺术比赛国家级二等奖等多个奖项。在近三十年的办学历程中，已有毕业本科生2000多人，研究生100多人，为重庆乃至全国培养输送了许多优秀新闻传播优秀人才。

学校高度重视文化传媒类专业的发展，从资金投入、人才引进、实习实训基地建设等方面给予了大力支持，曾先后投入资金3000多万元，引进教授2人、博士8人。

但无论怎么重视，重庆工商大学文化传媒类专业的发展，也仍然遭遇了来自三个方面的尴尬。一是近年来电视、网络等新兴媒体发展迅猛，而该校擅长平面媒体人才培养的师资队伍不能适应这种发展的要求。二是新兴媒体需要高技术的现场环境作为文化表达的载体，如高清演播室、高通路编辑机、高像素摄像机等，这些设备更新极快，学校无法建设这样的实验室。三是新闻传播类专业的教学离不开新闻发生和传播制作的现实环境，校园内的模拟远不可能有现场生动和丰富，这就使得学校产生了强烈的要和传媒企业，尤其是要和电视、网络媒体企业合作培养新闻传播类专业人才的愿望。与此同时，重庆广播电视集团在改革中诞生，它的业务范围既有传统的音频电台，又整合了重庆的全部电视频道，还有一个"华龙网"的网络媒体平台。因此，它需要有一个能为自己和行业持续不断地培养人才的支撑教育机构，一个让自己的各类专业人才能够充分展示才能、相互借鉴和交流的舞台，它还希望能拓宽自己高价购置并且必须时常更新的设备设施的"英雄"用武之地。双方的需求契合，于是一个文化传媒类专业的产学合作人才培养实体——重庆工商大学长江传媒学院就这样诞生了。

重庆工商大学与重庆广电集团通过长江传媒学院共建了"传媒发展协同创新中心"，该中心拥有500平方米高清播出级演播大厅和800平方米编辑中心、实训中心，是中西部最先进的演播室和节目生产载体。重庆广电集团所属重庆卫视、科教频道和生活频道120多位专业记者、编辑、主持人平移到该"传媒发展协同创新中心"，构建起产学研一体化教学和工作链合一的模式。

二、重庆工商大学文化传媒类专业发展的瓶颈

我们认为，产学研合作是以市场为导向、产学研各主体间多种形式协作联合，使高校的知识理念创新、技术工艺创新、人才培养模式创新以企业产品的形式通过市场得以转化，或者通过合作培养的人才及其使用，实现社会财富不断积累和经济社会发展和谐优质的目的。高校作为推动地方经济、社会发展和人才培养的主要阵地，应该充分发挥自身的人才、技术和科研优势，走产学研

一体化发展之路，并与社会其他文化产业部门广泛合作，巩固产学研一体化模式在文化产业发展中的支柱地位，促进高校自身的文化建设和整个社会文化产业的发展。

随着经济发展与社会进步对高层次人才的需求不断增加，而按传统模式培养的大学生又越来越难以适应市场经济的要求，人才供求出现较大错位和结构性矛盾。从整体上看，我国高校文化传媒专业教育基本采用学科基础型课程体系，教学内容主要以课堂授课为主，强调知识的讲解，缺乏业务培养的师资和实验、实训条件；实训和实习一般在大四派往媒体完成，属于学习之后的实践教学模式。在这种人才培养模式下，一方面，学生的专业素养不强，理论课程存在多而不精、杂而不新的问题，学生可能只学到皮毛而不能深入进行探索。另一方面，由于缺乏体系性实训、实习环节，学生动手能力较弱，普遍存在专业素质与专业技能欠缺的问题，不能满足社会需求。

究其原因，主要在于西部地区高校尚未完全摆脱过于偏重知识传授的传统教学模式，受传统的只注重知识灌输的人才培养模式的影响较东部地区高校更重、改革路径更窄、效果更差。文化传媒专业教学内容与社会经济发展的现实要求脱节，实验、实训、实习教学偏弱，"双师型"教师资源匮乏，教学方法与教学手段单一，所培养的学生实践能力弱、适应能力和竞争能力较差，不能满足用人单位的需要。而产学研合作人才培养能促进高校、科研院所、企业科技教育资源共享，推动创新组织模式，培育跨学科、跨领域的科研与教学相结合的团队，从而突破专业发展的瓶颈。

重庆工商大学以主持的重庆市重大教改项目"西部地区地方院校开放式办学的探索与实践"的研究为契机，系统设计和构建学校教育与社会需求之间的联系平台与衔接机制，积极引进行业企业的优质教育资源，创新高校与行业企业合作培养卓越应用型文化传媒类人才的机制，逐渐形成日趋成熟的产学研合作人才培养模式。

第二节　重庆工商大学长江传媒学院建设思路与体制构建

一、建设重庆工商大学长江传媒学院思路

如前所述，重庆工商大学积极探索开展文化传媒专业的产学研模式探索时，

重庆广播电视集团也在寻找与高校合作办学的伙伴。为了促进重庆文化传媒产业的更大发展，为了向社会输送更多的适应文化产业发展的合格人才，重庆工商大学和重庆广播电视集团的领导在2008年启动共同创办学院的计划，双方经多次认真研究共同设计了战略合作框架。

2009年6月，双方达成一致，确立了"构建实作的传媒真实环境，促进教学教育环节与传媒实战融合，打造传媒发展与人才培养双赢格局"的发展思路。在这个建设思路的指导下，校企双方高层共同描绘了长江传媒学院的蓝图。2010年初，双方规划共建实训中心，500平方米的演播大厅、800平方米的编辑中心、实训中心、审片中心连同化妆室、配音中心一应俱全。这个真实的传媒产业链物理环境由重庆广电集团总工办和技术制播中心牵头规划设计，按照最先进的省级电视台高清标准设计建设。2011年8月，长江传媒学院发展中心落成，9月19日正式运行。

在师资上，重庆广电集团整体平移重庆卫视、科教频道、生活频道等专业团队到重庆工商大学，双方一起改革人才培养方案，在新方案中本科生、研究生按照各个专业技术岗位顶岗学习、实训，在学院及中心专业团队带领指导下把理论知识和制播节目结合起来，构建"记者编辑—教师教学、学生学习—学生顶岗实践、教师—记者编辑相互挂职"三位一体的培养模式。重庆电视台记者、编辑、主持人、制片人、总监等以手把手相授的方式，结合每日审片、每周点评，让资深传媒工作者和大学教师共同指导学生成长，形成产学研一体化局面，共同构造传媒产业链和教学、生产、科研密切结合的崭新模式。

二、重庆工商大学长江传媒学院管理体制设计

本着实践育人和社会效益为中心的内核，双方设计的管理运营体制可大致分为三个层次。

首先，是双方共同组建了决策机构——长江传媒学院管理委员会，并制订了学院的发展规划和策略。重庆广播电视集团和重庆工商大学双方各派4位领导参与，管委会8名委员共同审议、批准学院的报告、工作计划、财务预算决算方案，制订、修改学院的章程、管理制度，任免学院管理干部等。管委会每年召开2~3次，在此基础上，管委会名誉主任、主任在确有必要时可临时商定召开，并实行一人一票投票决策议事协商制。重庆广播电视集团总裁任管委会名誉主任，集团分管副总裁、艺术总监等高层领导参与管委会，重庆工商大学

校长任管委会主任，分管副校长等参与管委会。

其次，学院领导班子负责学院日常的行政及教学管理工作，实行管委会领导下的院长负责制。重庆广播电视集团总裁兼任院长并委派集团领导到学院任艺术总监和主管教学工作的副院长，重庆工商大学委派学院党总支书记、执行院长。学院通过院长办公会、党政联席会等制度，重大事项向学校党委会、校长办公会和长传管委会汇报。

最后，为了给学生营造真实的传媒环境，重庆广电集团与重庆工商大学共同出资，在建设1300平方米真实传媒空间的基础上，整体平移职业广电团队并入长江传媒学院师资，并于2011年、2012年共同成立传媒运营实训中心和传媒发展协同创新中心，使其成为高校传媒教育教学实训和广电行业产业发展的基地。重庆广播电视集团频道运营中心和重庆工商大学长江传媒学院共同组建协同创新中心日常管理机构，负责设计方案，保障师生和专业团队共同运营中心。

在三个层级的管理体制都由双方共同派驻人员。管理体制的科学设计，保障了学院的良好运行。重庆广电集团与重庆工商大学在人才培养方面的深度融合，既提升了专业频道运营的层次，又提升了传媒文化人才培养的质量。电视媒体在高校发展，提高了重庆工商大学在电视媒体的曝光度，为提升教师队伍的实践能力开辟了最便捷的渠道。这样的合作成为当代高校教育人才培养模式的新标杆，为校方带来良好的口碑，增强了高校的核心竞争力。

三、校企双方的责权利

重庆工商大学主要负责年度招生计划，负责学生教育、学籍注册、就业指导，并授予合格本科生、研究生的毕业证、学位证等，以及负责长江传媒学院日常运营。

重庆广播电视集团负责协同长江传媒学院日常运营，委派集团艺术总监担任学院艺术总监，指导办学；委派人力资源中心副主任担任学院分管教学工作副院长，共同修订出台新的人才培养方案，共同指导学生实训、实习项目，为学生就业提供切实保障。重庆广播电视集团总裁、长江传媒学院院长刘光全在多次的讲话中提到："创建长江传媒学院，利国利民，长江传媒学院的模式和做法推动了校企两个单位无形资产倍增。"

双方共同创作"长江传媒实战丛书"，学者专家等智力资源加盟研发"台报校网"四位一体的"财经夜话"等栏目，提升了一线记者、编辑、主持人及高校教师的素养,有利于锻炼干部队伍、师资队伍、实作队伍,特别有利于学生成长。长江传媒学院创办近四年来社会知名度、美誉度不断上升。

第三节 重庆工商大学长江传媒学院的运行实践

重庆工商大学长江传媒学院以大传播的理念、全媒体的视野,以传媒发展协同创新为办学重点,按照"构建真实传媒制播环境,完善产学研一体化实践"的思路,探索建立传媒理论与传媒实战相融合的教学科研体系,为此,学院在人才培养方案的设计和专业创新人才的培养上做了大量革新与尝试。

一、对人才培养方案和培养过程的改革

长江传媒学院以理论为经、以实践为纬,积极探索传媒人才培养的内在规律,对人才培养方案进行了一系列改革。

学院邀请业界和校内专家共同组成专家委员会,每学期定期召开专业建设专家会议,集思广益,从整个传媒行业的发展趋势和广播电视一线对人才的需求入手,以业界需求为出发点,根据业界所需求的知识、技能与实践能力进行分析;在人才培养方案中大量增加实训实习环节,加大实战课程、实战师资比重,将课程体系改造为"理论—指导—实战"比重各占1/3;同时坚持"理论—实践"相结合,在人才培养方案设计中充分遵循文化传媒专业人才培养规律,即在注重理论素养培养的同时,重点提高学生的动手实践能力,实现培养"会思考的行动高手"的目标。

在人才培养过程中,数十位全国广电专家和知名记者学者来校开设"长江传媒论坛",通过大量引入实务信息经验,带给学生大量一线传媒人的故事。在专业课程和核心实务课程中全部实行"记者编辑—专业教师"双师型教学,核心业务课程记者、编辑授课率为100%,主讲教师均在传媒业界有5年以上工作经历并取得了硕士以上学位。以《大型节目现场编导》和《网络新媒体实务》课程为例,《大型节目现场编导》课程实现了从以往单方面理论知识讲授到实务操作授课的转变,将传媒业务课程放入传媒运营实训中心,由广电专业团队和学院教授形成共同的业务科授课和实训培养团队,在真实的传媒环境中完成教学任务。《网络新媒体实务》课程由新浪网(重庆)高管和部门主管主讲,结合真实的媒体操作进行现场教学。在讲授"微博"时,除了使用教学投影仪

外,还专门设置了"微博墙"投影,让学生参与现场互动,将微博的运营和特征活灵活现地展现在学生面前,极大地调动了学生的积极性。

除此之外,将1/3的人才培养环节放入媒体,按照新的人才培养方案,通过与媒体共商共管,使学生在媒体的实训、实习有的放矢。进一步加强真实媒体实训,师生共同制作出品电视栏目,探索"台报校网"四位一体,创新传媒内容。

二、培养专业人才实作和创新能力的举措

(一) 平移电视频道专业团队,构建真实的传媒制播环境

学院打破了"模拟训练"的圈子,重庆广电集团所属电视频道整体平移并与传媒学院师生融合开展教学实训实作。起初是重庆电视台新闻频道、都市频道部分栏目平移进驻。经过一段时间磨合,重庆卫视、科教频道、生活频道120多人的专业团队完成整体平移。在整个频道的阵地上,师生共同参与策划生产电视节目,在专业记者、编辑和频道总监、部门负责人的精心指导下,电视节目生产制作全流程直观地呈现在师生面前,使其在真实的传媒环境中成长为传媒生产主体和运营主体。中心的联合团队从模拟走向真实,每天能得到大量的收视数据和市场调研反馈,师生与重庆广电集团记者团队一起打造精品节目、提升传媒品质。

(二) 新增与社会需求结合的实训类课程,"双师型"教师成为主力

在人才培养方案的修订过程中,不断增加与社会需求结合的实训类课程,如《影视节目现场导演》、《大型节目现场编导》、《电视节目现场制播》等,"双师型"教师成为实训类课程的主力。业务课按照培养方案,分层次进入传媒运营实训中心学习,由广电集团专业团队和学院教授形成共同的业务课程教学和实训培养团队。

在合作中,学院的"双师型"教师不断成长。数十名该校的文化传媒类专业教师在传媒岗位上参与培训,上百位记者、编辑、主持人接受了教学培训并担任实训类课程主讲,如《电视摄影基础》、《新闻采访写作》、《视频剪接技术》等。例如,有30多年从业经历的《鸟瞰新重庆》航拍片的总导演、总摄像宋林亲自给低年级学生上专业基础课,被业界传为佳话。

（三）学生深度参与传媒实作，姓名登上卫视荧屏

文化传媒类专业学生深度参与传媒运营实训中心的学习和实训，在频道总监、部门负责人、专业记者、编辑的精心指导下完成课程学习，并根据自身所长在摄像、编辑、录像、审片、灯光、舞美、化妆等专业技术岗位上顶岗实训，参与节目的策划、生产制作、编辑、审片、上载播出全流程。学生参与录制的大型政论性节目及《凡人有事》、《星电影》、《不健不散》等电视节目均已被重庆卫视、科教频道、生活频道播出。学生的姓名被登上电视荧屏，既为学生积累了成果，也使学生的业务素养得到了充分肯定。

（四）"工作式"的人才培养模式，构建真实电视节目工作链

学院与重庆电视台共同出品的以重庆卫视"星电影"栏目为代表的日播型优秀电视栏目，从创意、策划、采访、录制、编辑、传输等全流程、整环节都在中心完成。学院采用"工作式"的培养模式，将优秀学生分布在摄像、编辑、录像、审片、灯光、舞美等各个环节，与电视节目制作、播出的时间同步，将人才培养与真实的电视节目工作相联系，与社会、市场需求相结合，使培养具有针对性和可行性。

（五）共同编纂长江传媒丛书，提高教材的实战性

对接教学、实践两方面需要，学院编撰了"长江传媒实战丛书"，真实呈现一线传媒人的实践、思考和教训。由重庆电视台新闻中心20多位资深电视新闻人编写的《新闻新观察》，从大量案例的分析中解读新闻报道发展新趋势；由重庆电视科教频道数十位纪录片人编写的《纪录就是力量》总结了渝派纪录片的发展壮大过程。新的教材体系建设显著提高了教材的针对性、时新性和实战性。

（六）采用分层实训模式，有步骤地组织学生实习、实训

在学生实习、实训环节，学院采用"分层实训"的模式，根据不同年级、不同专业的实际情况进行精心设计和安排。将一、二年级的本科生，轮流安排到各个地面电视频道和广播频率中去见习观摩，优秀学生参与地面频道节目的录制。学院注重学生专业知识和专业素养的训练，使学生了解电视节目录制的各个环节，增强专业知识的储备。三、四年级优秀学生按照自身专长进入协同

创新中心重庆卫视频道、科教频道、生活频道等深度合作的节目组，在专业老师的带领下，让学生逐渐独自承担录制生产任务，逐渐培养起学生担任专业编辑、记者、制片人所需的素养和实作技能。在重庆本地的重庆日报报业集团、人民日报分社、光明日报分社、腾讯大渝网、华龙网、新浪网、新华网、人民网和区县新闻中心轮流安排学生参与实习。此外，学院还根据寒暑假学生生源地情况，安排学生到湖南卫视、四川卫视、江苏卫视等地方媒体实习、实训，并且集中安排优秀学生到中央电视台等中央媒体机构实习、实训，有步骤、分层次地组织学生实习、实训。

第四节 校企合作办学的特色与亮点

一、"双师型"教师授课成为一道美丽的风景

在长江传媒学院，那些既具有高水平的教学能力，又拥有丰富的社会实践经验的"双师型"教师是一个独特的团队。"双师型"教师不但拥有扎实的专业知识，还具备相应的应用实践水平，这对于培养理论与应用能力兼备的文化传媒类人才来说意义重大。为此，重庆工商大学和重庆广电集团出台了一系列的激励政策，互聘资深记者、教授挂职、授课、指导，鼓励专业团队进课堂，鼓励中青年教师进传媒，手把手指导与"实战—理论"、"双师型"师资队伍建设相结合，显著提高了合作办学的成效。例如，2011年12月，长江传媒学院6位本科生在"双师型"教师指导下的电视作品获得第二届全国大学生经济新闻作品大赛广电类全国唯一的特别奖。学院还邀请了新浪网、重庆日报报业集团、中央电视台的资深传媒人士来校授课。目前，学院已拥有150余名来自传媒行业内外精英人士担任"双师型"教师。"双师型"教师授课更为灵活、实用、生动和易接受。教师们既可以在讲课过程中将自身的工作经验传授给学生，又可以大量应用教师自身经历的典型案例生动地将传媒行业的真实一面展现给学生。

"我要来参加你们的毕业典礼，主要是想看看长大了的孩儿们"宋林亲切地向2009级的同学们承诺道。宋林老师被誉为重庆航拍第一人，他是资深的电视摄像专家。而最令同学们感到骄傲和幸福的是：他也是最爱长江传媒学院学生的老师之一。

长江传媒学院09级叶奕利同学说："还记得大一的时候，宋老师总是早早地来到学校，因为这样，他就可以多跟我们交流学习心得，以便进一步改进教学方法。他严谨、负责的教学态度体现在每一个细节中，感动着长江传媒学院的每一位学子。我还记得那个属于我们的小闹钟，它成了讲台上亮丽的风景线。由于我们上课的教室较远，有时听不到下课铃声，以致有1~2次宋老师讲激动了就拖了堂。老师拖堂对于同学们来讲是很正常的，但宋老师却认真了，从此便买了个小闹钟，每次上课都带着它，每节课前就调好闹钟，只要闹钟准时一响，他就很欣慰地宣布：'同学们，下课！'这些细节大家都看在眼里。当我们要开始学习摄像的时候，宋老师专门从重庆电视台里请来了五位优秀的摄影师，还把电视台专用的摄像机搬到了教室，六位老师分别带一个小组，一对一地为同学们讲解摄像的知识，手把手地教同学们如何正确地使用摄像机。而宋老师不辞辛苦所做的一切，都是为了我们能进步得更快、学得更出色。"

除了宋林老师，学院的摄影课还由来自重庆广播电视集团的摄影部主任邵宁、节目部副主任黄强组队讲授；重庆广电集团人力资源中心副主任、学院教学副院长朱洁讲授新闻采访写作等专业课和职业发展规划课程；被称为重庆卫视"第一剪"的李凯讲授学院的视频剪接课程；重庆卫视"星电影"栏目制片人尹燕在栏目剧编导圈极具影响力，她带领整个节目组的记者、编辑轮流讲授电视栏目剧编导课程；重庆科教频道副总监徐蓓是留学英国剑桥大学的海归硕士，同时也拿过国内外多个纪录片大奖，她和她的团队给学生讲授纪录片创作课程；等等。

如今，"双师型"教师已经成为长江传媒学院一道美丽风景，为学院培养了一批又一批全能型人才。同学们认为自己是幸福的，因为自长江传媒学院成立以来，同学们就得到了许多优秀老师的关怀。老师们无私奉献着自己的知识和经验，默默关心着同学们的成长。

二、平移百人专业团队在校园内构建起国内先进、西部一流的传媒运营实训中心

2009年6月，重庆广播电视集团与重庆工商大学签署合作协议，双方以无形资产、"双师型"师资、广电设备、频道资源等作为合作资本，合作创办长江传媒学院并新建1300平方米的崭新传媒发展中心。来自重庆卫视、科教频道、生活频道等100多位专业记者、编辑、主持人整体平移到重庆工商大学，

与师生一道形成了工作链完整的产学研一体化的传媒运营实训中心。

建立传媒运营实训中心最大的受益者是学生。以传媒运营实训中心为标志的产学研一体化载体，使学生在大学校园内就以重庆广播电视集团"子弟兵"的身份参与真实的电视工作。优秀学生在真实传媒环境中实训，不仅接触到电视节目生产的真实环境、播出级的高端设备、优秀的节目主持人、主创人员，还可以经常与来自全国的著名学者、高端嘉宾面对面交流，为提升学生的实作能力、开阔视野提供了大量机会。长江传媒学院还以学生为主体建立了电视传播专业学生管理委员会，选拔优秀学生作为摄像、灯光、编导等岗位的专业岗位助理，以核心技能培养为先导，全面培养了"理论—实践"相结合的应用型本科和研究生人才，又以人才储备库的形式不断补充到重庆广电集团（总台）各频道专业岗位。

长江传媒学院二年级一名学生形容自己在传媒运营实训中心的学习生活时说："在大一刚进校的第一堂班会课，就给我们介绍了咱学院独具特色的教学模式，从那以后我就非常向往能够到传媒运营实训中心学习。今年暑假，经过申请，我幸运地被学院安排在了传媒运营实训中心参与实训。我跟随着广电集团的老师，学习了栏目的文字撰写、外拍采访、现场拍摄协助和后期剪辑等工作，真正地深入到一线，了解了电视栏目的整体制作过程。从书本知识上升到实践操作，学到了其他高校学生要到大三、大四才能掌握的知识和技能，第一次如此真切地感受到学院独特教学模式的优势所在。在以后的学习和实践中，我就已经比其他高校的学生快了一大步，经过不断地学习和实践，在以后的工作中，我相信也会走得更稳更快。真心感谢学院，在今后的学习和实践中我一定会更加努力。"

三、联合创办出品以电视、微电影为龙头的文化传媒产品

"用电影说人生，用传奇讲电影，在未来 365 个夜里，重庆卫视《星电影》将陪伴着奔忙一天的中国，用光影来给这片土地上的人留下一个美好的梦。"

2012 年在 2 月 6 日，重庆卫视《星电影》首播。这档栏目由重庆卫视和重庆工商大学传媒运营实训中心联合摄制，学院师生亲身参与到了节目的创作生产过程当中。首播当晚，栏目选择了贺岁档十分火爆的两部国产大片《金陵十三钗》和《龙门飞甲》，节目邀请徐克、李宇春等电影主创人员参与了访谈，并对幕后制作的过程进行了独家揭秘。随后，栏目赏析了 1937 年的经典电影

《压岁钱》，对中国贺岁电影的发展历程进行了评述。最后，栏目播出了一部名为《希望》的微电影，感人至深。《星电影》成为了国内首个微电影电视交互平台，栏目正举办全民微电影行动，致力打造中国最具权威的微电影平台。《星电影》自开播以来，收视率不断攀升。其中，《张国荣特别节目》收视率达0.35%，收视份额达1.82%，排名全国同时段第13名，创下了重庆卫视改版以来的新高。栏目受到了国家广电总局的肯定，其表扬节目"专业、理性、深刻、抒发爱国情怀"。传媒运营实训中心合作推出微电影计划，努力实现电视台和网络的双面互动，共同，打造全媒体微电影计划。

2012年5月，教育部组织了全国高校廉政文化作品大赛，同学们在重庆广电集团邓禾老师的带领下组建了星传工作室。"作为我们工作室成立以后的第一仗，廉政微电影拍摄和制作的成败至关重要"，工作室一位同学说。在指导老师的帮助下，由同学们创作的第一个微电影剧本《梦》成功出炉，经过几番修改，最终定稿。接下来就是为微电影拍摄进行前期准备，包括拍摄所需摄像机、灯光、录音器材、演出服装、道具及车辆的联系和租借。在微电影拍摄前期的筹备工作中，每个团队成员都倾注了自己的辛劳和汗水，斗志昂扬，跃跃欲试。经过三天艰难的场地拍摄，团队成员在时间紧迫、要求严格的情况下熬夜奋战，终于在规定时间前将微电影成片送报参赛。在得到学院领导与实训中心指导老师的高度评价之下，廉政微电影成功进入复赛，并作为重庆市高校微电影代表作品继续与全国高校作品进行角逐，最后荣获教育部全国高校廉政文化作品大赛网络新媒体类二等奖。

通过产学研一体化办学模式，长江传媒学院成功整合了"双师型"资源、多媒体平台合作资源和优秀的人才资源，使得学院不仅成为了人才的培养地和输出源，还产出了优质的传媒产品，这种富有创新精神的探索将为各高校传媒教育改革提供重要参考。

第五节　长江传媒学院的办学成效

一、学生培养情况

一体化人才培养模式创新，共享知名院校教授的理论知识，使学生在真实的传媒环境中锻炼学习，直接把理论知识转化为真实的传媒作品，提高了原创作品的水平，也大大提升了成果应用转化的效率。长江传媒学院办学近四年，已经孵化出一批优秀的专业人才，在学生培养上获得许多可喜的成绩。长江传媒学院学生以重庆电视台各个专业技术岗位助理身份参与学习和实训，截至2012年7月，学生参与录制重庆卫视大型政论性节目60期、《凡人有事》等都市频道节目100期、重庆卫视《星电影》栏目的节目120期。2011年12月，6位大三本科生在"双师型"教师指导下的电视作品获得了第二届全国大学生经济新闻作品大赛广电类唯一的特别奖；2012年10月，学院学生龚锦标团体摄制的微电影《梦》荣获教育部全国高校廉政文化作品大赛网络新媒体类二等奖；广告专业曾健、戚晓林等同学的作品获第三届全国大学生广告艺术大赛重庆赛区策划类一等奖；学院学生叶奕利所拍摄制作 DV 获得重庆市"我的青春我的视界"原创 DV 大赛三等奖；09级广电专业刘霈月同学的新闻评论作品发表在2011年12月21日的《重庆晨报》；10级广电新闻专业郭莹靓同学在第七届世界华人青少年艺术节获民间乐类团体金奖、重庆市新华网大学生博客大赛优秀奖；祝国毅、刘霈月两位同学在第十二届亚洲艺术节暨第三届中国重庆文化艺术节筹办工作中成绩显著，均被评为"先进个人"；叶奕利同学在2009～2010学年获得重庆市"三好学生"称号；李燕茹同学荣获市先进文艺个人、市创业故事大赛三等奖；该学院与笛女阿瑞斯文化传媒公司联手制作少儿百科题材系列动画片《珠珠不怕》第一期60集于2012年春节登陆重庆电视台少儿频道。

二、涌现一批典型教师和学生

长江传媒学院近四年的建设与发展，涌现出一批典型教师和学生。

殷俊，重庆工商大学长江传媒学院执行院长、教授、博士。他负责组建长江传媒学院，致力于打造重庆工商大学与重庆广电集团融合教学、实训于一体的新模式，2011年和2012年还在此基础上联合组建了西部第一家传媒运营实训中心和传媒发展协同创新中心，把省级卫视频道和地面频道120多位记者、编辑、主持人平移到大学的传媒空间里，大学师生和省级电视台专业团队联合出品电视栏目，实现"台报校网"四位一体创新传媒内容，探索构建政产学研用一体化的全媒体平台。任执行院长以来，他获校青年教师讲课比赛一等奖、课堂教学优秀奖、课堂教学质量奖等；主持重庆市高等教育改革重点项目《新闻传播学业务教学模式改革与实践》、重庆市教育科学"十二五"规划项目《研究生复试与创新人才选拔机制》等教育改革项目；主研国家教育体制改革试点项目《创新高校与行业企业产学研合作模式》（2011 年至今）、重庆市教改重大项目《西部地区地方院校开放式办学的探索与实践》（2007~2011 年）等。正是在学校以产学研新方式创办并与重庆广电集团携手发展长江传媒学院的过程中，他也逐渐获得了国内学界、业界的认可。担任中央新闻阅评组成员，中国传媒经济与管理学会常务理事；2010 年起担任上海市社会科学创新研究基地特聘研究员，国家马克思主义理论研究和建设工程新闻评论学学科专家；2011 年起当选中国新闻史学会台湾和东南亚华文传媒委员会副会长。2012 年 5 月，他被中共重庆市委组织部、重庆市人力与社会保障局、共青团重庆市委等授予"重庆青年五四红旗手"，是重庆工商大学优秀教师、优秀教育工作者、优秀硕士生导师、优秀毕业论文指导教师。他被福建师范大学聘为文艺学博士生导师，兼任重庆广电集团—重庆工商大学传媒发展协同创新中心常务副主任，重庆晨报副总编辑，浙江大学、四川大学、厦门大学等校客座教授，并被遴选为重庆工商大学广播电视艺术学学术带头人及重庆市新闻传播学一级重点学科主要负责人。成功申报并主持了国家社会科学基金项目、国家教育部规划基金项目、国家社科基金重大招标项目子课题、国家广播电影电视总局（简称广电总局）部级社科项目等国家级、省部级项目 10 余项，发表论文 200 余篇，出版专著教材 10 余部，获省部级奖近 10 项。2012 年，CSSCI 及中文核心期刊《新闻与写作》第 8 期刊登了对他的专访，向全国推广了长江传媒学院的独特实践和探索；中文核心期刊《新闻爱好者》第 9 期的封面人物和多家新闻传播学理论刊物的特邀编委。

何为，重庆广播电视集团艺术总监、重庆市政协常委、国家一级导演、中国电视艺术家协会常务理事、重庆电视艺术家协会副主席兼秘书长、重庆市文联委员。何为从上海戏剧学院电视导演专业毕业后在重庆电视台从事电视导演和摄像工作，其主创的《巴桑和他的弟妹们》等多部电视剧先后获得第六届中国飞天奖一等奖，第七届中国飞天奖一等奖，第八届中国飞天奖特别奖，以及其他各类奖项若干。其个人获得第六届飞天奖最佳摄影奖，个人创作的大型形象片《东方形似》获得中国广告公众大奖，被中国电视艺术家协会评为全国优秀监制，曾发表过《沉着地走向形式》等多篇论文。何为作为重庆广播电视集团电视总监，直接参与监制的电视剧、大型综艺晚会、纪录片、航拍片等多次获得飞天、金鹰、全国"五个一"工程奖，几十年来指导和培养了一大批重庆电视台的年轻导演和摄像骨干。何为作为学院的艺术总监积极参与学院创办和建设，他对学院的建设思路、人才培养方案提出了专业指导性意见，在频道平移、协同创新中心建设中发挥了关键作用，为长江传媒学院产学研模式建设作出了贡献。

朱洁，重庆工商大学长江传媒学院教学副院长、重庆广播电视集团人力资源中心副主任。她是一名有十几年一线新闻工作经历的主任编辑（副高职称），获中国广播电视新闻奖等各类新闻奖20多个。在转入集团人力资源中心负责教育培训工作后，搭建了集团的教育培训学时学分考核体系，开发了内部培训课程。她以双肩挑的身份分管长江传媒学院教学工作以来，开展了一系列将集团记者培训和学生培养相结合的探索。在双方合作中，她将长江传媒论坛在学校和集团轮流举办，并对集团记者、编辑和学院学生同时开放，在学生实习实训、教材编写、节目研发、协同创新中心建设、电视频道平移等方面做了大量协调管理工作。此外，朱洁在学院教学课堂上大胆创新，在她的论文《〈人际传播与公共关系〉课程的建构主义教学模式实践》中，将现代企业培训的方法引入课堂，将学生分小组，模拟组成报社、公关公司，邀请主持人到课堂上接受采访，在课堂上进行礼仪训练，带领学生们一起完成作品等。朱洁以极大的热情投入到学院的建设和教学中，和学生们在课上课下打成一片，深受学生喜爱。在长江传媒学院的工作经历，使朱洁入选重庆市组织部干部培训中心师资库，并先后受邀为重庆市人事局培训中心、重庆大学、华为、万科等机构企业开展培训，被选聘为中国传媒大学实践教学导师、重庆工商大学MBA中心兼职教授。

尹燕，国家二级导演（副高职称）。1997年于西南师范大学文学院研究生毕业，先后在重庆电视台文艺部、社教部和重视传媒有限责任公司工作，现为重视传媒有限责任公司副总经理，时尚、生活频道副总监。历任《走进生活》、《重庆掌故》及《生活麻辣烫》、《有话好好说》、《冷暖人生》、《星电影》等的制片人、总导演。被评为重庆市委宣传部"五个一批"和"巴渝新秀"青年人才，重庆广电集团第一届十大明星员工；代表作《双重喜庆》、《多谢四方众乡亲万州行》等曾获得金鹰奖文艺节目类优秀奖；荣获重庆市电视艺术家协会颁发的"十佳双秀"荣誉称号。她参与主编的《中国经济转型与文艺发展研究》一书获国家社科"八五"重点科研项目二等奖，参与主创的专题片《保护母亲河》、《引凤还需先筑巢》、《西部开发国际研讨》等分获中国电视艺术家协会二等奖、三等奖。尹燕曾多次参与重庆卫视大型文艺晚会策划、撰稿及导演工作，如新千年《欢乐之夜播不停》六小时直播的策划、撰稿和导演等。作为一位创作型的管理者，尹燕策划和承办了《红色追忆——长征组歌》等大型商业及公益演出活动数十台。2009～2010年她参与《灯火黄昏》、《母爱无悔》等多部电视剧的总制片人和监制工作。为了实现其多年电视艺术工作经验与学校教育的更好结合，尹燕被重庆工商大学长江传媒学院特聘为实训导师，在2010级三个媒介班及2012专升本编导班，负责讲授电视编导理论与实训、大型活动策划与管理及微电影创作与营销三门专业课程。作为总导演和监制，尹燕在重庆工商大学协同创新发展中心制作的重庆卫视日播节目《星电影》中，以其专业、理性和深刻的文化内涵得到广电总局的好评。

徐蓓，重庆电视台科教频道副总监、英国剑桥大学社会人类学硕士。她在重庆电视专题部、国际部有多年的一线电视节目创作经验，其创作的纪录片《春秋》、《进城》、《陈小梅进城》、《迷徒》分别获得中国广播电视星光奖一等奖、中国彩虹奖一等奖，入选2008年中国十大纪录片、改革开放30年纪录片。曾受邀在国内外多所高校开设讲座。在她亲自主讲的广播电视概论课程中，她结合在英国剑桥大学受训的方法及20年来在电视领域的经验，把电视制作的幕后故事生动地呈现给学生，深受欢迎。重庆电视台科教频道整体平移到重庆工商大学传媒学院传媒实训中心后，她带领制片人和创作团队指导学生参与科教频道的节目生产全过程，从节目策划到录制现场，从后期制作到作品分析，让学生真实地参与到了真实媒体环境下的实战训练。

龙勇，现任重庆广播电视集团（总台）重视传媒节目制作公司制片人，兼任卫视频道《星电影》、《重庆好人》主持人。他先后任重庆电视台《每日新闻》、《重视特快》主持人兼记者，《龙门阵》节目主持人、制片人助理；先后创办《凡人有事》、《凡人有喜》、《凡人有乐》等多档电视栏目，主持并运作《民星总动员》、《急速前进》、《足球宝贝》等电视项目。先后获得两届中国播音主持作品（政府）奖、中国新闻奖、中国电视金鹰奖、中国十佳谈话节目主持人及十佳谈话节目奖、中国电视金话筒奖及全国百佳主持人奖，并入选中国电视30年风云人物。龙勇以其生动的现场调动能力和出色的表现多次代表重庆广电集团参与央视、凤凰卫视等多台联动电视节目，在重庆地区具有一定知名度和号召力。他热心长江传媒学院的学生培养工作，主讲长江传媒论坛，还亲自为在《凡人有喜》栏目组实习的学生座谈指导。特别是《星电影》栏目组入驻长江传媒学院实训中心期间，他利用化妆、录制节目的间隙为学生指导作品，关心他们的学习生活。作为有品牌号召力的电视节目主持人，他的热情参与促进了长江传媒学院合作模式的推广。

刘宏毅，重庆工商大学长江传媒学院副教授。他独创并首开的思想道德修养、大学生就业指导等课程深得学生好评并成为全校必修课；在教学期间还为学校培养出了一批专门讲授该课程的青年教师。他多个系列的摄影作品自2008年起连续三年应邀参加平遥国际影展、重庆首届双年展。长江传媒学院组建后，他开设的摄影基础课在重庆工商大学成为本科生最喜欢的选修课和必修课。2012年他又专门为长江传媒学院本科生开设必修课社会心理学。2011年，他所撰报告文学作品《而今觅出见虹霓》，获得重庆市新闻一等奖。2010年，他的摄影作品《儿戏》系列应邀参加了韩国光州双年展和重庆当代摄影艺术十人回顾展。

邵宁，重庆电视台技术制播中心摄像指导，其参与拍摄多部国内重大题材电视作品，在北京奥运会直播、亚运会转播、重庆春晚等重头戏中担当重任。在重庆工商大学长江传媒学院担任摄影课教师后，他也被重庆广播电视集团选派为摄影专业的内部培训师，为集团500多位记者开展了6期专题摄像课程。在他担任的摄像课程中，引入了大量国际国内最新的摄像作品供同学们鉴赏。通过集团的获奖作品和他自己的作品作为实战案例，并结合专业训练的方法进行授课指导，令学生耳目一新。

韩晨曦，长江传媒学院09级广电新闻专业学生，喜欢积极乐观地应对每一次挑战，所以她的大学生活也充满了阳光。大一青涩的她在学院的积极鼓励下进入辩论队，口才和演讲能力在团队协作的过程中突飞猛进，连续三年获"优秀辩手"称号并在辩论生涯最后一年与团队一起夺得"工商杯"辩论赛亚军。辩论让晨曦爱上了舞台，先后参加了2010年重庆晨报主办的"世博之星"比赛、2011年重庆工商大学商务礼仪大赛和2012年武隆"蔬菜小姐"大赛并分别获得优秀奖、二等奖和"七仙女"奖项。从大一起她充分利用学院得天独厚的实践条件，先后在重庆广电集团大型活动中心、重庆电视台都市频道、武隆电视台等多种平台实习实践，积累了较丰富的实战经验。2011年底重庆卫视各个栏目组进驻重庆工商大学传媒实训中心，在专业导师的指导下晨曦和其他同学组成团队制作的财经类新闻作品荣获全国第二届高校大学生经济新闻作品大赛广电类经济新闻作品特别奖，并在颁奖典礼上代表全国获奖选手发言。

刘霖月，长江传媒学院09级广电新闻专业学生；曾任学院新闻部部长、校辩论队秘书长、校辩论队优秀辩手，带领院辩论队取得第十届工商杯辩论赛亚军；在大学期间连续两次获得优秀综合奖学金二等奖和校级"优秀学生"称号；完成学生创新基金项目《三网融合背景下广电发展对策研究报告》，在学术期刊《新闻研究导刊》发表专业研究论文《中国微博管控现状及对策分析》，在《重庆晨报》发表评论文章《白领"过劳"已成中国严重社会病》。在社会实践中，她作为志愿者参加了由国家文化部、重庆市人民政府主办的区域性国际艺术节——"第十二届亚洲艺术节及第三届中国重庆文化艺术节"，因为表现突出，被亚洲艺术节执委会和中国重庆文化艺术节组委会评为"先进个人"，并作为志愿者代表在总结表彰会上发言。"力行而后知之真"，这些实践学习的宝贵经历让她得以完成学生创新基金项目，在学术期刊发表专业研究论文，在国际文化交流的筹备活动中展现出色的工作能力，成为一个专业素质强、综合能力高的优秀学生。

祝国毅，09级广播电视新闻专业的班长，从2009年进入长江传媒学院以来，他有了很大的转变和成长。进校之初，祝国毅和所有大学新生一样，青涩、好奇、思维方式单一、对所有事情都充满热情，也就是凭着这股热情他学习到了很多以前从未接触过的东西。他的转折点从对摄影的学习开始，因为喜欢，所以自己钻研摄影，爱与摄像课教师宋林交流，在大一的时候就申报了大学生创新基金并到贵州山区拍摄了第一部作品。这部关于留守儿童的纪录片《王蝶兄妹》获得了大学生创新基金艺术类优秀奖。同时，国毅假期在重庆广电集团大型节目活动中心参加实习，参与学习了《足球宝贝》、《凡人有乐》等节目的策划及制作。大二时被学院推荐参与策划、采编由渝中区政府牵头创办的《重庆CBD》杂志，并发表文章。大三的他被学院推荐加入"第十二届亚洲艺术节暨第三届重庆文化艺术节"执委会工作，前期参与赞助招商、资源管理及发放、会场布置材料制作；开幕期间，参与接待各省市贵宾及礼宾车驾驶，后被评为"第十二届亚洲艺术节暨第三届重庆文化艺术节先进个人"。在假期，他也在贵州黔西南州政务中心进行实习。大学的四年学习让国毅从懵懂走向成熟，从青涩走向专业！

第十一章 重庆工商大学产学研合作科技创新的探索与实践

作为一所典型的西部地方多学科性大学，重庆工商大学除了开展经管类专业、艺术类专业、文化传媒类专业的产学研合作办学外，还在产学研合作科技创新方面进行了有益的探索，开展了多年的创新实践。本章将以重庆工商大学为例，对西部高校开展产学研合作科技创新的探索与实践实例进行介绍。

第一节　背景介绍

2002年，原渝州大学和原重庆工商大学合并组建之初，重庆工商大学没有一家省部级及以上的科研机构，学校承担的各级各类科研项目屈指可数。由于整体科技实力弱，产学研合作散而小。

两校合并以来，重庆工商大学充分发挥西部地缘优势和多学科性大学的学科优势，开展了产学研科技创新。经过10来年的发展，重庆工商大学已经拥有普通高校人文社会科学重点研究基地长江上游经济研究中心、废油资源化技术与装备教育部工程研究中心、电子商务及供应链系统重庆市重点实验室等11个国家和省部级科研机构。近年来，学校共承担各级各类科研项目2600余项，其中国家级科研项目100余项，省部级科研项目1000余项，受党政机关、企事业单位委托开展决策咨询、管理咨询、技术咨询研究970余项；获国家科技进步二等奖、教育部科技进步一等奖、重庆市科技奖励等省部级以上奖励近100项，获得专利授权200余项。

学校深入推进科研管理体制和运行机制改革，紧密结合地方经济社会发展需求，大力开展产学研合作科技创新，积极促进科研成果转化，为西部地区经济建设和社会发展服务。通过理念提升、模式设计、制度再造、机制创新和持续投入，重庆工商大学着力打造对内对外开放和产学研合作科技创新的特色，系统构建学校科学研究与社会需求之间的联系平台与衔接机制，以产学研合作科技创新服务地方经济社会发展。

作为一所典型的西部地方高校，在多年的产学研合作探索中，重庆工商大学面向市场技术需求，通过合作研究、共建平台、技术咨询、委托研发、人才培训、驻企服务等多种方式，大力推进学校科研成果的转化，为企业提供多种技术服务，带动学校走产学研一体化之路，开展产学研合作科技创新实践，并取得了较丰富的经验。学校产学研科技合作十分活跃，已与近20家上市公司及150余家企业签订产学研合作协议，建立起了上百个、成系列的产学研合作基地，形成了一个既有利于推动学校人才培养、学科建设、科学研究向纵深发展，又有利于发挥学校学科优势和科研能力，积极服务地方经济社会发展的产学研合作科技创新的网络体系。

第二节 总体思路与制度创新探索

一、重庆工商大学依托产学研合作科技创新的思路

重庆工商大学坚持以"开放、合作、创新"的理念推动产学研合作科技创新，围绕"突出优势、强化服务、拓展空间、提升层次、扩大开放"的思路，推进产学研科技合作，加快科技成果转化，努力增强学校科技创新能力和服务经济社会发展的能力与水平。

（一）拓宽科技创新视野

重庆工商大学通过拓展空间、优化合作模式拓宽服务领域，在"校地合作、校企合作、校院合作、校际合作"的基础上，进一步探索产学研科技合作的新模式，大力推进多种形式的合作，促进科技项目合作和产学研基地建设，积极参与产学研战略联盟，与企业界、金融界建立长期、稳定的产学研合作关系，直接为地方经济建设服务。同时，该校加强学术交流，进一步拓宽产学研合作的渠道，及时跟踪国内外学术动态，把握学术发展的动向和脉搏，切入学科前沿，拓展产学研科技服务社会的创新视野。

（二）培养科技创新队伍

通过扩大开放，建设联合团队促进产学研科技创新；围绕优势学科建设打造高水平创新团队；以高水平科技项目尤其是跨地区、跨学校、跨学科的课题为载体，构建开放式的人才交流平台；促进互补，营造良好的人才培养机制和环境；加强科技梯队建设，以高层次的产学研人才团队促进科技创新。

（三）提高科技创新水平

突出重庆工商大学的学科优势和所在区域优势，立足学科基础打造产学研学科品牌。依托环境科学与工程、应用经济学、工商管理等重点学科，通过分

工合作，打造创新团队，围绕优势研究领域和重点科研项目进行基础研究和应用研究，争取高水平科技成果和高层次科研奖励的新突破，形成一批具有标志性成果的优势学科，打造学科品牌，为产学研科技合作提供学科支撑。同时强化服务，面向区域发展需求提升社会服务能力。重庆工商大学准确把握高校在产学研合作中的服务定位，根据西部地区尤其是重庆地方经济社会发展的需求，进一步凝练科技创新方向，加快科技成果转化，提升解决经济社会发展过程中重大理论和实践问题的能力，使产学研合作科技创新取得的成果在地方产业结构调整及产品更新换代中发挥重大作用。

二、重庆工商大学产学研科技合作的制度创新

重庆工商大学通过制度创新，构建开放式大学的产学研合作科技创新和社会服务机制，为产学研合作科技创新提供制度保障。学校重视加大对科学研究的投入，通过制度创新和管理创新，激发科技创新活力，优化科技创新环境，不断提升学校科技创新能力和服务社会的水平。

首先，学校加强制度创新，搭建了以学校党政办牵头，科研处、教务处等相关部门参与的产学研管理架构，出台了一系列科技管理文件，建立起激励和约束相结合、以激励为主的质量导向型产学研科技管理制度体系，为产学研合作科技创新提供了创新的制度保障。

其次，学校不断推进管理创新，构建起"校—院"两级产学研管理和服务体系，将产学研纳入到学校对二级学院和独立设置的科研平台的考核体系中；大力推进科技管理信息系统建设；建立起以科技成果奖励、科研考核为主要内容的科研激励机制；创新科技项目申报组织模式，采取"三级论证"模式组织重要科技项目的申报工作，有效提高项目申报质量，以管理创新促进产学研合作。

最后，重庆工商大学不断加大对产学研合作的支持力度，支持产学研合作申报国家科技计划、重庆高校优秀成果转化项目、重庆市科技攻关项目等省部级及以上课题；支持产学研合作建设科技平台；建立起科技项目配套资金、学术专著出版资金、学科带头人资助制度、高层次人才科研启动资金、校级青年科研基金等为主要内容的科研资助体系；在科研创新团队建设中专门资助一批产学研合作科研团队，支持教师作为企业科技特派员帮助企业进行科技创新。

第三节　重庆工商大学产学研合作科技创新的运行实践

一、打造产学研合作科技创新的开放性平台体系

通过制定跨越式发展规划战略，采取强有力的措施，大力推动科技创新平台建设，重庆工商大学现已建成 11 个高水平科研平台，实现了跨越式发展，基本覆盖了重庆工商大学的重要学科领域，形成了能够代表学校科技特色和优势的科学研究与社会服务的开放性平台体系，并充分发挥平台"领头雁"作用，以科研平台引领产学研合作和科技创新，主动服务地方经济社会发展。

在科学技术合作方面，充分发挥工程研究中心、工程实验室和重点实验室等科研平台的优势。废油资源化技术与装备教育部工程研究中心与重庆机床（集团）有限公司、中国船舶重工集团重庆公司等多家企业开展技术合作，并已取得初步成效。天然药物研究重庆高校重点实验室联合重庆市垫江县和多家生物制药企业，产学研合作承担生物医药类重庆市科技示范工程项目，为打造重庆市生物医药的百亿产业提供科技创新支撑。该实验室还与重庆科瑞制药公司共同打造重庆科瑞制药—重庆工商大学药物研发中心，在人才培养、科学研究、社会服务等方面多层次、宽领域、多渠道地寻求合作，充分发挥双方的优势，建立产学研协调合作的长效机制，实现全方位的产学研合作。

在科技咨询服务方面，充分发挥教育部人文社科重点研究基地等平台的功能，为支持地方经济发展和政府决策提供科技咨询服务。例如，重庆工商大学长江上游经济研究中心近年来承担市级以上政府部门、重庆市 40 个区县及四川的邻水、广安、习水、甘阿梁地区、贵州的遵义、湄潭和云南的丽江、宾川、香格里拉等 80 个区县及徐州工程机械集团有限公司等 20 余家企业委托课题 149 项，提交研究报告 160 余份。中心的决策咨询服务能力受到了重庆市委、市政府的高度重视，近两年，重庆市委、市政府已向中心直接下达了多项重大课题研究任务，这在重庆市都是不多见的。

在科技培训方面，重庆工商大学充分发挥科研平台人才高地效应，为地方提供宽领域、多层次的科技培训服务。例如，重庆市级相关部门及其有关区县竞相聘请长江上游经济研究中心专家学者为其高级顾问或干部培训的高级专家，并定期或不定期地请其作学术报告，为自己的决策提供最新的信息。中心还为

重庆市、四川省邻水县和贵州省遵义市等地的地方政府进行干部专题培训82次。

在学术交流方面,重庆工商大学积极依托科研平台开展高水平学术交流,拓展学校学术视野,扩大学校学术影响。例如,长江上游经济研究中心五年来已举办了9次大型学术研讨会,组织了32次学术报告会、48次学术讲座、近100次学术沙龙,成为重庆和四川、贵州及云南等比邻省市区域经济学、产业经济学和金融学等领域专家学者拓展国际视野、相互学术研讨的重要平台。

二、引导产学研合作科技创新服务经济社会发展

重庆工商大学在产学研合作科技创新实践中,多管齐下引导学校的科技创新力量参与产学研合作,服务经济社会发展。

一是大力整合科技力量,围绕重大理论和现实问题开展科技攻关,为地方经济社会发展提供智力支持。重庆工商大学注重发挥多学科优势,大力引导科技平台和广大教师,针对"314"总体部署、西部大开发、重庆"全国统筹城乡综合配套改革试验区"建设、内陆开放高地建设、"五个重庆"建设等经济建设和社会发展中的重点、难点、热点问题,以问题为导向,以项目为纽带,多学科结合开展科学研究,推出科技创新优秀成果,为产学研合作科技创新提供源泉,为地方经济社会发展提供科技支撑和智力支持。例如,围绕重庆"全国统筹城乡综合配套改革试验区"建设,学校引导教师开展相关课题研究近100项,推出了一大批重要成果,有力地支持了地方政府的决策,形成了新的研究特色。

二是鼓励教师积极承担横向产学研课题,直接为党政机关、企事业单位提供咨询服务。自2002年由原渝州大学和原重庆商学院合并组建重庆工商大学以来,全校承担的企事业单位委托的横向科研项目逐年增多,已成为学校科研总经费的主体部分。

三是积极参与国际科技合作。争取并承担了中国和荷兰政府科技合作《中国西部小城镇环境基础设施经济适用技术及示范》项目之"市场化政策制定活动",项目成果受到住房和城乡建设部和全国政协环资委的充分肯定,已被四川省建设厅采纳并以正式文件形式发布。

四是大力推进科技成果转化,面向社会需求,开展技术服务。成立重庆工商大学科技成果转化促进中心,该中心被核准为全市6个市级科技成果转化中

心之一；大力推动成果转化，学校绿色食品研究所研发的新型防腐剂、麻辣什锦调味料等多项研究成果已实现转化、投产并进入全国市场。

三、建立多样化产学研合作科技创新模式

在产学研合作科技创新模式方面，重庆工商大学开展多形式、宽领域、深层次的对外合作，与地方政府、高校、企业、科研院所等建立多样化的合作关系，构建产学研合作与社会服务网络体系，谋求优势互补、共建共享、实现共同发展，同时拓展学校服务社会的领域，提升服务水平，体现出全方位、开放的重庆工商大学产学研合作科技创新特色。

首先是积极开展校地合作。重庆工商大学与贵州省遵义市，四川省邻水县，重庆市南川区、南岸区、长寿区、万州区、武隆县、城口县等多个地方政府签订全面联合办学协议，为学校科研服务地方开辟了广阔空间。通过借助校地合作平台为地方党政决策提供咨询服务，两校合并以来，重庆工商大学共承担地方各级党政机关和公共单位委托研究课题412项，委托经费达4722万元，其中，承担了多项市委、市政府直接委托的重大调研课题，承担了市级部门和区县政府委托课题147项，承担区县党政部门、乡镇党政、公共单位委托课题265项，为地方党政决策提供了有力的理论支撑和智力支持。另一方面是与地方联合建立科研平台。例如，与南岸区联合建立"南岸发展研究中心"，主动为南岸区提供决策服务；与市经济委员合作成立"重庆市园区经济研究咨询中心"，专门为重庆市各类园区发展提供咨询服务；与重庆市商委合作共建重庆市现代物流重点实验室；等等。

其次是广泛开展校企合作。近年来，学校与多家上市公司及150余家企业签订产学研合作协议，在人才培养、培训、科研项目、技术攻关、区域经济等方面展开深度合作。一是与企业联合开展科技攻关。近年来，学校与企业合作成功申报科技攻关项目103项，为企业提供多形式的管理咨询、技术咨询、技术开发服务，解决了一大批管理和技术难题，取得了良好成效。二是与企业联合共建科研平台。例如，机械工程学院与企业联手成立了"渝康可降解包装材料工程技术中心"、"重庆工商大学华帆汽车特种工程塑料应用技术研究所"；环境与生物工程学院与企业联合成立了"重庆市生物质开发利用工程中心"、"环境污染控制实验室"；等等。三是支持教师到企业兼职，直接为企业服务。据不完全统计，学校已有近100人次到企业兼任独立董事、管理顾问、技术顾

问、财务顾问等重要职务。四是为企业开展人才培训服务。近年来，学校为西南铝业集团、中石油重庆分公司等多家企业开展相关培训 100 余场次，多渠道、多方式为企业提供了人才培训服务。

再次是开展多形式的校所合作。一是共建研究基地。例如，与中国社科院合作成立"中国社会科学院中国经济分析与预测调研基地"；与重庆社科院合作成立产业经济研究院，积极探索人文社科重点研究基地建设新模式。二是合作开展课题研究。例如，与中国兵器工业第五九研究所一起参与国防科工委和总装备部重大研究项目的研究；与重庆市环境科学研究院一起参与国家科技部"863"课题的研究工作；与重庆工业自动化仪表研究所合作研发"基于 IEEE1451 的大型环保设备状态监测与故障诊断智能传感系统"；等等。

最后，还深入开展校际合作。一是与兄弟高校开展多层次、多形式的科研合作。例如，与重庆邮电大学、重庆交通大学等单位合作成立产业经济研究院；与中国人民大学、西北大学、重庆交通大学合作申报重大项目；与重庆大学、重庆利安公司、重庆市工商联（总商会）餐饮商会和重庆宏信软件公司联合研发国家级科技推广课题"重庆便民 e 站服务平台"；等等。二是共享专家资源，聘请重庆市兄弟院校专家参与我校高水平科研项目的论证工作。例如，重庆大学、第三军医大学、后勤工程学院一批学者和专家来校进行项目评审和科研指导。三是合作共建博士后科研站。例如，与西南财经大学合作，设立西南财经大学博士后流动站重庆工商大学分站。借助学校的博士后工作站平台，与重庆大学等"211"、"985"高校开展深入合作，合作培养博士后。

四、面向社会开展科技创新成果转化

重庆工商大学除了以校地、校企、校所、校际等多种形式合作开展产学研科技创新外，还直接面向社会开展科技创新成果转化，主要包括搭建创新成果孵化平台和扶持校办企业直接转化科技创新成果两个方面。

一方面，重庆工商大学搭建科技创新成果的孵化基地。重庆工商大学在实习实践大楼建设专门的场所，面向教师提供科技成果转化的孵化基地。目前，该孵化基地已经入驻了重庆工商大学绿色食品研究所，重庆市发展信息管理研究中心等多家产学研合作机构。通过这些机构开展校地、校所、校企等多种形式的产学研合作科技创新。

另一方面，学校扶持校办企业直接转化科技创新成果。重庆工商大学自行设置了重庆工商大学科技开发总公司、重庆工商大学环境保护研究所等直接面向社会开展科技创新成果转化的企业，取得了显著的成果。例如，重庆工商大学科技开发总公司专门从事真空滤油机、透平油专用滤油机、抗燃油滤油机、自动滤油机、三级精密过滤机等油处理设备研制生产，是国家高新技术企业、国家电力部滤油机定点生产企业，也是国家唯一的油处理技术依托单位及AAA级信用企业。该公司已通过ISO9001国际质量体系认证，产品获法国质量监督委员会欧盟市场准入证。该公司研制的光达牌油处理设备是国家电力部定型产品、国家级重点新产品，被评为国家科技进步二等奖、电力部科技进步一等奖、教育部科技进步一等奖、国家环保总局环保项目、中国环保产品质量信得过重点品牌、尤里卡国际发明奖。公司研发转化的32个系列230多种滤油产品已供应国内外20 000多台，如销往葛洲坝电厂、二滩电网、三门峡电站、50周年国庆阅兵式、驻港驻澳部队、北京卫星制造厂、酒泉卫星发射中心、中科院空间中心、中国物理研究院、瑞典ABB变压器公司、德国西门子公司、巴基斯坦核电站、中国台湾核能电厂、中国台湾铁路局、扬子石化、茂名石化、齐鲁石化、秦山核电站、江苏核电公司、吴泾电厂、河南焦作电厂、西藏羊八井电厂、石嘴山发电厂、北京第二热电厂、山西神头二电厂、石家庄热电厂、贵阳发电厂、昆明发电厂、四川电力局、上海电力局、华蓥山电厂、成都供电局、东方集团、贵州乌江渡发电厂、清镇电厂、华能珞璜电厂、华能南通电厂、天威保定变压器厂、沈阳变压厂、总装备部、总后卫生部、铁道部、广电部、嘉陵摩托、宗申摩托、力帆摩托、隆鑫摩托制造、宝钢、首钢、攀钢、武钢、大庆油田、胜利油田、中原油田等，以及美国、日本、德国等50多个国家。

  重庆工商大学环境保护研究所自1987年成立以来，先后在四川省、重庆市及其区县开展建设项目环境影响评价约1200余项，为四川省、重庆市的可持续发展、生态环境保护及三峡库区的生态环境安全作出了重要贡献。

五、加大学术交流紧跟科技创新前沿

  繁荣学术交流是开放办学和加大产学研合作的重要环节，重庆工商大学通过加大学术交流，紧跟科技创新前沿，进一步提升产学研合作科技创新的能力。

  一是主办或承办了"区域创新与发展论坛"、"第五届中韩质量科学双边国际学术研讨会"等一系列高水平学术会议，受到学界、政界和业界的广泛关注，进一步提升了重庆工商大学的学术地位和影响。

二是加强对外联系,与中国社科院、中国人民大学等多所研究机构或高校及美国西肯塔基大学、英国胡佛汉顿大学等近40所国(境)外高校或教育机构建立了长期稳定的学术交流关系。

三是注重"请进来",先后邀请诺贝尔经济学奖得主赫克曼教授、恩格尔教授等多位国际知名专家,杨叔子等多名两院院士,中国台湾著名诗人与散文家、《乡愁》作者余光中先生等一大批社会名人来校讲学。7年来,重庆工商大学共资助举办校级学术报告(讲座)逾1250场次,平均不到3天就举办一场全校性学术报告,不断浓厚学术氛围、促进学术交流、优化育人环境。

四是强调"走出去",每年支持一大批教师"走出去"参加国内高水平学术交流,并且派出教师赴国(境)外授课及参加培训和交流的人数已从2003年的50余人次增加到每年近70人次。

第四节 重庆工商大学产学研合作科技创新的成效

在"开放、合作、创新"理念的指导下,重庆工商大学的产学研合作科技创新工作取得了显著成效,科学研究和社会服务的能力得到进一步加强,有力地促进了重庆工商大学的持续进步与发展。

一、科技创新实力显著增强

重庆工商大学由两校合并组建以来,学校主要科技指标实现了大幅增长,科研创新能力显著增强,争取国家级科研项目的能力也不断增强,2003~2009年共争取到国家级科研项目62项,立项数是上一个7年的10倍;科研经费逐年大幅增长,2005年科研经费突破1000万大关,2008年科研经费突破2000万大关,2009年科研经费突破3000万大关,2010年突破4000万元大关。取得了一批高水平科研成果,如《三峡库区可持续发展科技规划的研究编制》被国家科技部、国家发改委、国家农业部及各级政府决策采用,并得到教育部副部长李卫红同志的充分肯定和赞扬;《中国的GDP及其若干统计问题》、《城镇化对耕地变化影响的研究》两篇论文获得教育部高等学校科学研究优秀成果(人文社会科学)二等奖;"自动高效真空滤油机"项目被评为"'十一五'重庆高校十大科技进展项目";等等。

2011年,重庆工商大学的主要科研指标进一步增长,获得国家自然科学基金和国家社科基金27项；国家社科基金项目14项，居全国百强47位、全国财经类高校第9位（不含西部项目）；国家社科基金重大招标课题和教育部人文社科重大攻关项目各1项；此外还获得省部级项目136项。全年科研总经费超过5700万元，是2002年合校之初的27倍多。

二、有力地支撑了学科发展和人才培养

借助于产学研合作科技创新的发展，重庆工商大学的学科建设和人才培养都取得了一定的成绩。人才队伍建设取得了显著成效，高层次人才队伍不断壮大，现有"长江学者奖励计划"人选、"新世纪百千万人才工程"国家级人选、国家级有突出贡献中青年专家等国家级人才和教育部新世纪（跨世纪）优秀人才、重庆市百名学术学科领军人才、重庆市百名海外高层次人才、巴渝学者特聘教授、重庆市杰出青年科学基金获得者、重庆市有突出贡献的中青年专家等省部级高层次人才。高级职称人员数、具有博士硕士学位的教师数实现跨越式增长。截至2012年初，全校具有高级职称的教职工660人，具有博士、硕士学位的教师近1000人。

一系列高水平产学研科技创新成果的取得、高层次人才队伍的壮大，有力地促进了学科发展，为学校增列为硕士学位授予权单位、新增一级学科硕士点及环境科学与工程、应用经济学、统计学等8个学科被评为市级重点一级学科提供了有力支撑。

三、科技服务地方经济社会发展的能力显著增强

两校合并以来，学校承担横向科研项目的数量不断增长，获得的委托经费逐年大幅增加。2002~2009年总计承担横向科研项目760项，获得横向委托经费7083.39万元，占学校同期科研总经费的58.97%，横向服务已经成为学校科研经费的主要来源渠道；2009年承担横向科研项目数量是2002年的9倍，横向委托经费是2002年的30倍。2011年度，重庆工商大学获得横向科研经费更是达到了4000万元大关，在横向科研服务中培育出"区域经济社会发展规划"、"环境影响评估"、"区域商贸规划"、"区域旅游发展规划"、"土地利用规划"、"世行贷款项目移民评估"、"重庆市干部远程教育培训"等若干特色鲜明的研究方向。

四、初步形成了具有开放办学特色的产学研合作科技创新网络

在重庆工商大学的产学研合作科技创新活动中,科技平台已经成为引领各学科领域走产学研一体化道路的"领头雁"。在人文社科领域,"长江上游经济研究中心"等一批重点研究基地已经成为引领人文社科产学研一体化的战略高地;在自然科学领域,"废油资源化技术与装备工程研究中心"等科研平台面向市场技术需求,通过合作研究、共建平台、技术咨询、委托研发、人才培训、驻企服务等多种方式,大力推进学校科研成果的转化,为企业提供多种技术服务,带动学校自然科学、工程技术类学科走产学研一体化之路。通过广泛的对外合作,学校产学研合作的道路越走越宽,校地合作由主城区拓展到了城口等远郊区县,从重庆拓展到了贵州遵义、四川邻水等周边地区;校际合作从与同类高校的合作拓展到与中国人民大学、厦门大学等全国知名大学的合作,合作层次也从一般性合作上升到全面战略合作;校企合作十分活跃,已与近20家上市公司及150余家企业签订产学研合作协议,建立起上百个、成系列的产学研基地,形成了一个既有利于推动学校人才培养、学科建设、科学研究向纵深发展,又有利于发挥学校学科优势和科研能力,积极服务地方经济社会发展的产学研网络体系。

五、全面服务地方经济社会发展的创新举措赢得广泛认同

重庆工商大学探索了全面服务地方经济社会发展的产学研全面合作的创新举措,学校选择重庆市南川区作为试点,实施了"科研助区"、"培训帮区"、"人才送区"、"职教援区"、"服务到区"等五大帮扶行动计划,探索高校全面服务地方经济社会发展的产学研合作新机制,取得了重要成效,受到各级领导重视和社会关注。全市高校深入学习实践科学发展观办公室、中央深入学习实践科学发展观办公室均专题编发了重庆工商大学实施"五大帮扶行动计划"的有关内容的简报;新华网、人民网等全国重要新闻媒介均报道了该校实施"五大帮扶行动计划"的详细内容;2009年11月23日,教育部门户网站又推出专题报道,全国多家教育网站转发了这一报道并产生了良好、广泛的社会影响。

第十二章 重庆其他高校产学研合作的探索与实践

第一节 重庆其他高校产学研合作情况概述

一、重庆其他高校开展产学研合作的现状

除重庆工商大学外,重庆还有普通高校42所,各学校在办学过程中,根据自身发展的需要进行了一定程度的产学研合作,也取得了一定的效果。2008年《重庆市人民政府关于推进产学研结合提高自主创新能力的意见》(以下简称《意见》)公布以后,重庆其他高校更加积极地开展多形式的产学研合作。

(一) 重庆其他高校积极开展产学研合作

《意见》公布以后,市政府加大了对产学研的推动力度,重庆其他高校也进一步加强了产学研合作的开展,呈现出活跃的势头。例如,重庆邮电大学与台湾茂德科技股份有限公司合作创办的重庆国际半导体学院,与中国惠普公司共建的重庆邮电大学惠普软件学院;重庆大学利用自身在镁合金领域的优势,与重庆力帆摩托车公司等多家行业企业联合转化镁合金技术研发成果;重庆医科大学大胆引入市场机制,与重庆医科大学附属第二医院、重庆科技风险投资有限公司合作成立了重庆海扶技术有限公司,联合对重庆医科大学自主研发的"海扶刀"进行产业转化;重庆理工大学联合国内外有关高等院校、大型企业和科研机构举办的重庆汽车学院;重庆师范大学与重庆市残联、市相关企业联合举办的重庆特殊教育学院;等等。另外,2008年以来,重庆多所大学和多个企业集团建立了产学研战略联盟,如重庆邮电大学和重庆卡福汽车制动转向系统有限公司,重庆大学和重庆机床(集团)有限责任公司等,高校通过和企业联盟形式联合开展产业关键共性技术、高端技术、前瞻性技术的研究和攻关,共同争取和承接国家重大专项研发课题。据统计,2008年重庆高校从大中型企业科技活动中获得的资助达1.8亿元,比2007年增长了38%,产学研结合进一步活跃。

(二) 重庆其他高校产学研合作模式不断多元化

重庆其他高校产学研合作也经历了最初的校办产业合作模式、继续教育合作模式、研究中心合作模式等,在《意见》出台后,重庆其他高校的校企合作

势头更加活跃，合作模式更加多样。目前，重庆其他高校的产学研合作模式主要有三种类型：以培养行业急需人才为目标的产学研合作、以实现科技创新和产品开发为目标的产学研合作和以人才培养、科技创新、成果转化、生产经营紧密结合为特征的立体综合型合作。具体的模式包括以下五种。一是校企共建研究机构。例如，重庆大学与西南铝业（集团）有限责任公司共同建立了"重庆大学—西南铝业高性能轻合金材料联合研究中心"。二是高校与科研机构及企业结成产学研合作联盟。例如，重庆交通大学、重庆大学、重庆东风船舶工业公司、国营川东造船厂及重庆神溪船业有限公司联合组建的"重庆市船舶工业产学研战略联盟"。三是校企组成股份制企业实体。例如，重庆工学院、重庆光学机械研究所、长安公司等以股份制方式组建了重庆激光快速成型中心，累计为重庆及全国近500家企业提供服务，使新产品开发周期大幅下降。四是高校与国外企业合作推进国际化产学研合作。例如，重庆科技学院与美国哥伦比亚大学地球工程中心中国分中心签订合作协议等。五是共建科技资源共享平台。目前，13所在渝高校的510台大型科学仪器进入重庆市大型科学仪器资源共享平台，占全市入网仪器40%左右。该平台完成分析测试样品近数十万件（个），服务新产品开发、科研项目2000余项，得到了有关领导的高度评价。六是高校与国内知名高校联合培养企业急需高层次人才。例如，重庆大学与长安集团、清华大学、北京理工大学等通过共建博士后科研流动站、组建创新项目联合开发团队、相聘对方研究人员等方式，为企业培养高层次技术、管理人才。

二、重庆其他高校产学研合作的基本成效

一是高校加强了和地方政府及与企业的联系，促进了科技、知识与经济的结合，促进了科技成果的转化，提高了高校的科技创新能力和高校对区域经济社会发展的贡献率，也增强了高校持续发展的动力。

二是通过产学研合作，增加了学校办学经费的总量及来源渠道。重庆高校通过产学研合作教育，获得的企业教育投资在一定程度上改变了单纯依靠政府拨款的投资结构，办学经费来源逐步向多元化方向发展，同时办学经费的总量也有了较大幅度的增加。各高校在联合办学、发展校办产业及为社会服务过程中获得的各项经费被用于改善教学基础设施和办学条件，购置、更新教学科研仪器设备，提升了办学实力。

三是扩大了高校的在全国乃至世界的知名度和影响力。重庆部分高校产学

研结合的办学成绩及为地方经济建设和社会发展服务的鲜明特色提升了其在全国乃至世界的知名度和影响力，引起了国内外的广泛关注。例如，重庆交通大学、重庆理工大学的产学研合作教育模式及取得的突出成就，得到了社会的充分肯定。

四是产学研合作促进了高校教育教学质量的提高。高校将科研成果和企业的先进技术有计划、有选择地引入教学过程，使在校学生无论在理论与实践，还是在个人能力和素质方面都获得很大提升。总之，通过产学研合作，全面整合了高校、科研院所、科技中介、金融机构和企业资源，初步建立了产学研合作长效机制，加快了科技成果转化，提高了产业竞争力和社会发展的服务能力。

三、重庆其他高校产学研合作中存在的主要问题

（一）行为主体对产学研合作的理念认识滞后，高校的主体性还没有得到有效发挥

在产学研合作中，高校究竟应当起到什么作用，目前很多高校都没弄得很明白，相当部分高校在科技创新过程中喜欢闭门造车，很少意识到其成果与市场需求的差异性，很少想到利用企业现有的技术、工艺、设备和人才进行创新。因此，不少高校在产学研合作中缺乏主体性动机，有的是为多弄点资金办学，有的是为达到政府的要求，有的甚至是以别人有我也应当有的心态进行产学研合作，这大大影响了高校在产学研合作中的主体性作用的发挥。

（二）产学研与学校人才培养还没有有机结合

由于大多数高校实施产学研的功利性比较强，他们更看重的是资金、项目、技术、影响力等，并没有把实施产学研与学校人才培养有机结合起来。因此在模式的选择上更多的是着眼于直接的现实利益，对学校的人才培养不仅没有太积极的意义，反而因为实施产学研牵扯了学校太多的物力和财力，对人才培养产生了一定的消极影响。

（三）产学研合作的合力尚未形成

《意见》出台前，重庆高校产学研合作基本是各自为战。《意见》出台后，

在政府的推动下,高校和企业建立了不少的联盟体系。但是,这种联盟带有一定"拉郎配"的特点,"自由恋爱"的程度不高,相互协调、资源共享还比较困难,在一定程度上也影响了高校和企业及科研机构合作的实效。

(四) 高校实施产学研合作的内部机制不健全

由于部分高校对产学研的重要性认识不够,有的单纯把产学研合作看做是解决学生实习的途径,缺乏系统规划;有的过于看重经济利益,忽略了通过科学研究和社会服务来培养校内外高素质创新、创业人才的职责。因此,高校没有形成适合产学研合作教育的良好校内环境,在职称评聘、利益分配、评奖评优等方面不能真正体现对产学研合作教育参与者的政策倾斜,这对高校实施产学研合作积极影响很大。

(五) 产学研合作的国际化程度不高

正是由于很多高校对产学研认识不足,合作层面比较低,效果不明显,很难有机会与国外大公司、一流高校合作的机会,因此显得国际化程度不高。

第二节　重庆邮电大学产学研合作概况

一、重庆邮电大学基本情况

重庆邮电大学是国家布点设立并重点建设的几所邮电高校之一,是工业和信息化部与重庆市共建的一所以信息科学技术为特色和优势,在西部乃至全国的邮电通信行业、信息产业领域具有重要影响和地位的教学研究型大学,2000年由原信产部划转重庆市管理,实行部市共建。近年来,学校抓住西部大开发、重庆直辖、信息产业大发展的历史机遇,立足行业,服务地方,加强建设,加快发展,2006年由重庆邮电学院更名为重庆邮电大学,2008年成为立项建设博士学位授权单位。

二、重庆邮电大学产学研合作开展情况

重庆邮电大学一直重视开展产学研合作,坚持开放办学,立足信息行业,

主动服务地方经济社会发展，不断探索产学研结合新模式，努力构建开放办学大平台。学校先后组建了重庆邮电大学惠普软件学院、重庆国际半导体学院；与企业联合开展定制式人才培养项目；建有"国家 3G 军民结合终端设备动员中心"、全国首个"信息无障碍工程研发中心"等 27 个国家发改委、工信部、教育部及重庆市重点实验室、工程研究中心和人文社科基地；与中国电信、中国移动、中国联通、中国邮政、华为、中兴、大唐、普天、联想等行业著名企业，中国科学院、中国社科院、中国电子科技集团、工信部电信科学研究院等科研院所，长安、四联、机电控股、重钢、力帆、富士康（重庆）等在渝大型企业，重庆两江新区、南岸区、西永微电子园、茶园工业园区等建立了紧密的产学研合作关系。学校还注重国际合作与交流，积极推进国际化进程，与惠普、IBM、思科、甲骨文、爱立信、诺基亚、茂德等国际 IT 龙头企业开展人才培养和科研合作，与中国港澳台地区和国外 50 余所高校开展学术交流、联合办学并共建研发基地。

重庆邮电大学的产学研合作主要从以下两个方面开展。

（一）以校董会为平台促进产学研合作

一是依靠董事单位，全面拓展合作领域。与多家董事单位，如重庆市南岸区人民政府、中国电信股份有限公司重庆分公司、中天科技集团有限公司、中国电子科技集团公司第四十一研究所、中国四联仪器仪表集团有限公司、四川九洲电器集团有限责任公司、浙江南都电源动力股份有限公司、联想移动通信科技有限公司等签署战略合作协议，并以项目形式在多个领域联合进行人才培养、科技攻关、成果孵化、产业推进、智力支撑、专业咨询等。

二是发挥董事作用，积极提升培养质量。聘请重庆市教委主任周旭、重庆市两江新区管委会常务副主任汤宗伟、中国电信重庆公司总经理汤淇、工信部电信研究院院长杨泽民等担任学校董事及名誉教授，邀请了董事单位的董事或专家吴曼青院士、IBM 公司潘越博士、中国四联仪器仪表集团副董事长吴朋等来校讲学，指导学校办学和帮助学生成长、成才。成立由校企双方人员共同组成的校企合作工程教育指导委员会，科学论证工程教育计划实施方案和专业培养方案，学校成功入选教育部"卓越工程师培养计划"。

三是共建研发平台，努力开展协同创新。与 25 家董事单位签订 40 余个合作项目，合同经费达 3013 万元，获得 2389 万元设备和软件支持。与甲骨文软件公司建立"甲骨文重邮数据库技术联合实验室"，与思科公司建立"绿色科技研发中心",与迈普通信公司建立"重邮-迈普联合实验室",与重庆电信共建"实训基地-IMS 实验局";与联想移动通信公司共同开展互联网应用研究、"ID-LTE"上网卡产品开发;中天科技集团通过资本运作,依托学校在通信仪器仪表设备方面的技术优势,组建中天重邮通信技术有限公司进行科技成果转化;学校还与重庆市南岸区政府、中国移动重庆公司签订三方共建"物联网研究中心"的合作协议,共同打造"国家物联网产业示范基地"。

四是搭建助学平台,多方引进社会资源。各董事单位积极支持学校培养创新人才,每年提供华为奖学金、动感地带奖学金、联通奖学金、中天科技奖学金、南都奖学金、中国四联重庆川仪奖学金、宇龙酷派精英学子奖学金等各类奖助学金百万元。同时,各董事单位与学校共同举办各类学生活动,如思科中国研发有限公司的"思科杯"物联网应用创新设计大赛、中国电信的"天翼视讯"达人集结号活动,华为技术有限公司的"华为杯"模拟招聘大赛,重庆邮政的邮政贺卡营销策划大赛等。此外,重庆机电控股(集团)有限公司、中天科技集团有限公司、中国电信重庆公司等董事单位还分别为学校建立学生实习实训基地。

(二) 积极探索产学研合作新模式,努力构建产学研合作大平台

一是积极引进高水平科技资源,探索"校所合作"模式,构建科技资源聚集开发平台。构建国家级科研院所、地方企业和高校于一体的技术聚集开发平台是重庆邮电大学积极探索的产学研合作新模式。重庆邮电大学与中国科学院沈阳自动化所等联合建立了"中科院—重庆工业通信技术成果转化中心",在现场总线技术、工业以太网、工业无线通信等领域开展合作研究与成果转化工作;与中国社科院信息化研究中心共同组建了"国家网络信息安全应用基地";与无锡中国物联网产业研究院联合组建"西部物联网研发中心";与中国电子集团相关研究所建立紧密合作关系,开展人才培养和项目研发,拓展合作领域,努力发挥"校所结合"在科技创新中的引领作用。

二是主动服务重点产业园区,探索"走进园区"模式,构建产学研互动创新平台。重庆邮电大学统筹规划产学研合作的布局,主动走进重点产业园区。将重庆邮电大学重邮信科、重邮东电等公司迁入两江新区,在两江新区设立了研究生创新教育基地,与园区内的四联、中智联、禾兴江源等企业联合组建研发中心。重庆邮电大学还主动走进西永微电子工业园,发挥重庆邮电大学微电子专业优势和软件人才培养的优势,与茂德集团开展人才培养合

作，与惠普共建"重邮-惠普软件学院"。同时组建"重庆国际半导体学院"，为重庆市集成电路及半导体产业的发展提供人才支持。重庆邮电大学在南岸茶园工业园区与国虹数码、东矽多模等企业合作，开展移动通信终端产品的研发，配合重庆市引进工信部电信研究院在茶园工业园区设立西部分院和通信产品检测中心。

三是努力推进企业技术进步，探索"校企联盟"模式，构建优势互补的技术创新平台。目前重庆邮电大学是唯一进入国家 TD-SCDMA 产业联盟的高等学校。经国家发改委批准，重庆邮电大学与解放军重庆通信学院和6905厂联合建立了全国唯一的"3G军民两用终端设备动员中心"并被正式列入国民经济战备动员计划。另外，重庆邮电大学与中国电信、中国移动、中国联通开展全方位的深入合作；与中国移动在重庆建设物联网研发基地；与思科、甲骨文、IBM等国外知名企业，以及华为、中兴、大唐、上海贝尔、四联、长安、力帆等大型企业创建联合研发中心或培训中心，并已在集成电路设计、仪器仪表、汽车电子等方面取得一大批科研成果。

四是加快促进科技成果的转化，探索"自主开发"模式，构建面向市场的校办企业转化平台。重庆邮电大学在推进 TD-SCDMA 第三代移动通信终端技术重大科技成果的产业化过程中，根据产业化不同阶段的特点，采用不同的产学研合作方式，形成了以技术创新为先导，以股份制科技企业为载体，以技术资本带动金融资本为突破口的"重邮信科模式"。在 TD-SCDMA 产业化推进的关键时期，市领导和有关部门高度重视，高新区和南岸区分别以资金和土地入股、国家开发银行专项贷款大力支持 TD-SCDMA 的产业化推进。已有近20家终端厂商采用重庆邮电大学的3G核心芯片等发明成果开发手机、直放站、上网卡、可视电话及其他终端产品。同时，紧跟前沿，承担了国家"新一代宽带无线通信网"重大专项研发任务，引领了我国移动通信新技术的发展。

三、重庆邮电大学的产学研合作的主要特点

（一）在开放办学中实施产学研合作

重庆邮电大学在实施产学研合作的过程中，不是为了产学研而产学研，而是把产学研放在学校开放办学的大背景下进行，让产学研合作成为学校发展的

又一动力,取得了显著的效果。

(二) 充分发挥校董会在产学研合作中的作用

校董会是重庆邮电大学利用了学校自身的办学及与行业关系的优势而建立的进行产学研合作的平台。通过校董会,学校大大拓宽了与行业企业产学研合作的深度和广度,同时获得了比较丰富的合作资源,为重庆邮电大学的持续发展奠定了良好的基础。

(三) 积极完善产学研合作的相关平台建设

重庆邮电大学在实施产学研合作过程中,十分注重建设产学研合作的相关平台,包括产学研合作的开发平台、服务平台、创新平台,转化平台。通过这些平台的建设和运行,对重庆邮电大学的产学研合作起到良好的体制机制保障。

第三节 重庆交通大学产学研合作概况

一、重庆交通大学基本情况

重庆交通大学是一所以工为主,工学、管理学、理学、经济学、文学、法学等协调发展的多学科性大学,为区域经济社会发展尤其是交通行业提供强有力的人才支持和智力支撑。作为国家交通建设科技创新的重要基地,特别是为西南地区的交通建设做出了重要贡献。在西部地区的大跨径桥梁设计、维护关键技术,隧道设计理论与控制技术,内河港口建设与航道治理,高等级公路修筑关键技术等领域具有鲜明的研究特色和显著优势。该校的国家内河航道整治工程技术研究中心是国家级工程技术研究中心。近五年来,该校承担了国家科技攻关计划等国家级科研项目100余项,省部级科研项目500余项;2000年以来,获得国家科技进步一等奖1项、二等奖5项、三等奖2项,国家教学成果二等奖2项,省部级科技奖励220余项。

二、重庆交通大学产学研合作开展情况

重庆交通大学于2009年4月成立了产学研合作办公室,搭建起了高层次的

产学研合作平台，有效推动了产学研工作，为培育国家级和高层次科技项目奠定了基础。

目前，该校的校企合作已取得实质性进展，先后与多家政府部门及 30 余家大型企业签订了产学研合作协议，并全面有效地推进了产学研合作的开展。例如，与重庆市交通委员签订了战略合作协议，重点在城建、公路、桥梁、隧道、港航、城市轨道交通、物流、交通管理与规划等领域开展人才培养、科技创新合作；与重庆市外经委合作建设"重庆市汽车与零部件进出口人才培训中心"；与中国科学院重庆绿色智能技术研究院共建产学研合作基地、研究生教育创新基地；与中铁二院重庆勘察设计研究院在人才培养、技术培训、外语培训、职业资格考试培训、科技合作等领域进行全面的产学研合作；与重庆交建集团共建山区桥梁与隧道国家重点实验室培育基地，重庆交建集团投资 500 万元建设隧道工程实验室及其配套工程，以科研项目合作形式参与实验室运营管理；与新国线运输集团合作成立"新国线重庆交通大学综合交通运输科学研究院"，新国线运输集团为该研究院注资 100 万元，设立"新国线"奖学金；与重庆长征重工集团就科技合作、人才培养、联合组建轨道车辆研发机构等达成实质性产学研合作协议；此外，该校还与重庆市城乡建委、中铁第一勘察设计院、云南省交通厅、贵州高速公路开发总公司、陕西省高速公路建设集团公司等政府机构和集团公司签订多个产学研合作项目。产学研合作产生了一定的经济效益和良好的社会效益，2009 年经费达 8632.9 万元，2010 年经费达 13 477 万元，2011 年经费达 16 813.67 万元。

三、重庆交通大学产学研合作的主要特点

一是成立产学研合作办公室推进相关合作工作。产学研合作办公室的成立，为重庆交通大学产学研合作工作的开展提供了良好的组织机构保障。

二是着力打造路、桥、隧产学研科技创新的特色。重庆交通大学结合学校办学优势，着力打造路、桥、隧产学研科技创新，取得了良好成效。

三是注重通过产学研合作培养人才。重庆交通大学在实施产学研合作过程中，特别注重各种人才的培养与培训，包括本校学生和合作单位员工的培养，这为该校产学研合作的质量持续提升打下了良好的基础。

四是注重推进成果转化。重庆交通大学出台《重庆交通大学科技成果转化管理办法》《重庆交通大学校企合作平台管理办法》等制度，促进产学研合作

工作合理、规范、高效运行，加快科技成果转化与孵化，并取得了比较好的效果。

第四节 重庆理工大学产学研合作概况

一、重庆理工大学基本情况

重庆理工大学始建于1940年，历经近70年的建设和发展，学校积累了较强的办学实力，办学条件明显改善，办学规模不断扩大，学科专业结构日趋合理，师资队伍建设成效显著，科研实力增势强劲，人才培养质量稳步提高，现已形成以工学、理学、管理学、经济学、法学、医学、文学等学科门类协调发展的格局，是重庆确立的重点建设的高校之一。

二、重庆理工大学产学研合作开展情况

重庆理工大学在快速发展过程中，始终将产学研合作作为学校办学最重要的特色之一。

(一) 大胆探索和实践产学研合作模式，不断提升科技创新能力

一是产学研联合办学。从20世纪90年代中期开始，重庆理工大学紧紧抓住机遇，广泛开展了全方位、多层次的产学研联合办学。先后与西南兵工局、重庆市国土局、重庆市知识产权局签订联合办学协议，组建"重工车辆工程学院"、"重工万友商贸旅游学院"、"西南土地学院"等。2004年市政府批准以重庆理工大学为依托，联合国内外高校、研发机构和大型企业成立"重庆汽车学院"，车辆工程已经成为重庆市重点建设的重点学科。学校将产学研合作纳入了"创新创业人才培养体系"，与重庆市高新技术开发区合作设立"大学生创业特区"，在用房、贷款、服务等方面给予专门的支持；在特区建立成果孵化平台；组建由企业为主体的指导委员会，设立"创业创新基金"；学校与长安集团达成共识，对部分在校生实行"3+1"联合培养模式；隆鑫集团也在重庆汽车学院四年级学生中设立了"隆鑫班"，企业提前介入人才培养与储备。目前，产学研合作为学校提供的办学和科研资金达8000万元以上，并建立了一大批实

习和就业基地，产学研合作为学科的快速发展和创新型人才培养起到了重要的推动作用。

二是产学研战略联盟式合作模式。通过建立合作双方"优势互补、互利互惠、相互促进、利益共享"的长效合作机制来推动产学研战略联盟式合作。学校先后与西南兵工局、中国社会科学院、重庆市气象局、重庆市专利局、重庆隆鑫公司等10个政府机构、20个科研院所和近50家企业签订了产学研战略合作协议。2011年，学校以汽车学院为基础，分别与大江公司、望江公司、长风公司、长安公司、建设集团、嘉陵集团等兵工企业建立和完善了产学研战略联盟。以汽车学院牵头，与大江公司在不到一年的合作中，就签订了两个重大的军用汽车与民用汽车科研项目，涉及的科研总经费达5000万元以上。

三是平台共建与资源共享式产学研合作模式。学校先后与科研院所、企业共建创新平台25个，其中被评为省部级重点实验室和研究基地达12个。2011年，学校在与中国社会科学院共建"西部国情研究中心"的基础上，又与中国兵器装备科学研究院共建"机械装备测试技术工程研究中心"、与重庆嘉斯特质量检测有限公司共建"汽车零部件实验室"（已经被正式批准为教育部工程中心和教育部省部共建重点实验室）。

四是模拟企业化产学研合作模式。学校为科技人员提供学校成立的"重庆中孚科技有限公司"作为企业化运作平台，按照市场机制，在公司设立单独的账户，赋予项目负责人充分的经营自主权，实行模拟企业化的产学研合作模式。例如，获得重庆市技术发明一等奖、中国专利金奖、国家技术发明二等奖的学校成果"时栅传感技术"，模拟企业化运作方式进行产业化推广。该项目组在学校支持下建立了1500平方米的中试基地，在学校中孚公司下设立单独的账户，按照市场机制，招聘了9名工程技术人员，以中孚公司名义与重庆华渝公司签订产业化合作协议，由华渝公司负责产品市场推广和批量生产。汽车学院研制的汽车零部件检测设备也通过这一平台推广应用到包括清华大学汽车系、华南理工大学汽车学院、奇瑞公司、青山公司等国内主要汽车研发和生产单位，在行业里产生较大影响。学校获得的重庆市科技进步一等奖成果"高性能电子软钎焊合金材料制备新工艺"，通过这一平台与重庆荣昆焊接材料有限公司共建"重庆荣昆焊接材料有限公司西永生产基地"。重庆荣昆电子焊接材料有限公司投资5亿元，在重庆西永微电子产业园区建设年产5000吨高性能电子锡焊料及制品生产线。项目建成后，不仅能满足重庆电子信息产业对电子锡焊料的需要，而且将有力促进重庆乃至我国西部地区电子信息产业的发展。

(二) 通过开展产学研合作，促进高层次人才引进和师资队伍的改善

学校在设立教授流动站以加快引进人才的基础上，于2002年制定了以引进高层次海归人才为目标的特殊的引进人才政策，简称"海归工程"。"海归工程"通过特殊的考核政策和相对宽松的工作环境，鼓励海归人才在完成学校教学科研任务基础上创办高科技企业。2003年学校与高新技术开发区联合创办"中华学人归国创业特区"，为海归人才创办企业提供包括三年厂房租金、减免税费和贷款担保的特殊政策。学校先后引进40余位高层次海归人才，这些人才不仅在学校教学和科研工作中发挥了巨大作用，而且在重庆市汽车、装备制造、新材料等行业发挥了巨大作用。

三、重庆理工大学产学研合作的主要特点

一是产学研合作的模式丰富。重庆理工大学在产学研合作中，有产学研联合办学、建立产学研战略联盟式合作、平台共建与资源共享式产学研合作、模拟企业化产学研合作等模式，丰富的合作模式为学校办学空间的拓展提供了有力的支撑。

二是通过产学研合作引进人才效果明显。学校在人才引进中，通过产学研合作这个平台，引进了大量高层次人才，不仅提升了学校产学研合作的质量和效果，同时也改善了学校的师资队伍，对教学质量的进一步提升奠定了良好的基础。

三是通过建立完善的制度推进产学研合作。重庆理工大学在产学研合作制度建设上进行了系统探索，包括建立了完善和创新学校科技评价的政策与机制，引导和鼓励科技人员进行产学研合作；建立和完善了创新学校科技成果产权界定的政策与机制，为学校产学研合作奠定制度基础；建立和完善了创新激励的政策与管理机制，最大限度地调动了科技人员积极性。通过制度的建立和完善，学校产学研合作的长效机制得以形成。

第五节 重庆文理学院产学研合作概况

一、重庆文理学院基本情况

重庆文理学院是重庆市人民政府主办的全日制普通本科高等学校。学校现有 16 个二级学院和重庆服务外包学院、重庆文化遗产学院两个特色学院,开设了 42 个本科专业和 20 个专科专业,涵盖文学、理学等八大学科门类。学校坚持开放办学,积极开展国际合作交流。

二、重庆文理学院产学研合作开展情况

2007 年年初,重庆文理学院成立园林花卉工程中心,2009 年获批为市级"工程中心",是全市高校唯一的园林花卉类工程与研究中心。几年来,中心在特色植物种苗行业产业科学研究、成果转化及人才培养的结合方面形成了一套切实可行、卓有成效的创新机制,先后培养了一大批集种苗科学研究、企业管理及理念创新的复合型人才,为森林重庆建设、一圈两翼农户万元增收等重大农林项目做出了卓越贡献,有效提升了重庆农林种苗产业的整体水平。主要体现在以下三个方面。

(一)以"产"定"研",建设特色植物种苗繁育研发体系

依托重庆市特色植物种苗工程技术研究中心和重庆高校园林花卉工程研究中心的良好平台,以特色植物种苗为研究对象,积极开展种苗收集与驯化保存、遗传改良与种质创新、营养调控及生理生化、产业化与工厂化育苗等领域的基础科学探索及产业化科学研究,同时以产业发展和社会需求为出发点,几年来先后与重庆市区县林业局、科委、重庆市天沛农业科技有限公司等政府机构和企业开展紧密合作,取得了如桉树、脱毒生姜、金银花、猕猴桃、蓝莓等一系列特色植物种苗及配套技术的优秀成果,为重庆农林产业可持续发展和科技含量提升起到了极大的促进作用。

（二）以"研"促"学"，培养高素质应用型林学人才

以"特色植物种苗"创新团队为基础，以"双师型"教师队伍建设为重点，大力推进高素质应用型林学人才培养的改革与实践。几年来，以森林工程重大专项、重庆市科委重点攻关项目、企业资助项目等一系列科研项目为载体，集合了一大批学生参与到项目研究中，让学生直接接触生产第一线，实现研究与生产的零距离。

（三）建立了产学研结合的创新人才的联合培养机制

遵循"产学研三位一体"的人才培养模式，依托行业实习基地和校内"园林实验教学示范中心"、"园林规划设计所"、"园林工程所"，以工程项目为载体，突出培养学生的实践能力，切实提高创业意识和创新精神。学院先后与重庆及四川10余家先进的园林及农林企业联合办学，建立校企联合体，构建"学校主导+学生主动参与+企业支持"的大学生社会实践体系，培养学生在实践中的创新能力。

三、重庆文理学院产学研合作的主要特点

一是结合区域产业特色实施产学研合作。重庆文理学院根据所处区域的苗木花卉产业特色，积极实施以"产"定"研"，建设特色植物种苗繁育研发体系，为学校产学研合作找准了方向，取得了良好效果。

二是注重通过产学研合作培养高素质应用型人才。重庆文理学院根据产业需求，通过以"产"定"研"，以"研"促"学"，通过产学研合作找准了人才培养的定位和突破口，为高素质应用型人才的培养奠定了良好的基础，取得了不错的实效。

参 考 文 献

陈洪捷.1994.蔡元培的办学思想与德国的大学观.高等教育研究,(4):24-29.
陈洪捷.2001.在传统与现代之间:20世纪德国高等教育.高等教育研究,(1):88-93.
陈秀珊.2011.产学研合作的高校内部障碍分析及政策建议.肇庆学院学报,(4):73-76.
刁叔钧.2004.美国高校产学合作教育的兴起与发展.五邑大学学报,(3):92-95.
杜劲松.2012.四川兴能新材料举行锂电新材料成果发布会.http://www.itdcw.com/archives/73500[2012-09-21].
广西科技咨询公司.2011.四川省大力推进院士专家工作站建设.http://blog.sina.com.cn/s/blog_88a3dcf70100xsut.html[2011-09-28].
国务院办公厅.2010.国务院关于中西部地区承接产业转移的指导意见.http://www.gov.cn/zwgk/2010-09/06/content_1696516.htm[2010-09-06].
洪银兴等.2011-01-16.建设创新型城市的南京模式探讨.新华日报.
侯力明等.2007-11-20.江苏产学研"三大引擎"动力充沛.江苏经济报.
黄英杰.2012.走向创业型大学:中国的应对和挑战.清华大学教育研究,(2):37-41.
霍红豆.2010.美国高等学校"产学研合作教育"研究.大连:辽宁师范大学硕士学位论文.
李炳安.2012.产学研合作的英国教学公司模式及其借鉴.高等工程教育研究,(1):58-63.
李波.2012.从GDP数据的变化看重庆经济发展的过去、现在和未来.西南农业大学学报,10(1):25-29.
李方葛,邵森万.1995.产学合作概论.成都:四川大学出版社.
李克敏.2012.发挥产学研合作反哺效应 加快大学学科特色发展.中国高等教育,(1):28-30.
李英,刘夏斐.2010.促进产学研合作的财税政策研究.经济论坛,(3):70-71.
刘力.2002.政府产学研合作中的作用透视——发达国家成功的经验(上),教育发展研究,(2):70-73.
柳卸林,潘铁.2008.构建以企业为主体的产学研合作模式.中国科技产业,(6):54-59.
陆致成,高亮华.2000.创新孵化器:清华同方技术创新模式评析.中国高等教育,(21):41-43.
马德秀.2010-03-10.产学研结合障碍须立法突破.科学时报.

宁正福等. 2011. 石油高校产学研合作模式典型案例研究. 科技管理研究, (1): 96-99.
彭有福, 朱桂龙. 2003. 产学研合作创新网络组织模式及其运作机制研究. 软科学, (4): 49-52.
荣泳霖. 2009. 清华大学政产学研合作互动的实践. 中国高校科技, (10): 11-13.
四川省教育厅. 2011. 四川广元市校合作创新产学研合作模式, 扎实推进高等学校科技成果转化工程. http://www.moe.cn/publicfiles/business/htmlfiles/moe/moe_1755/201110/125902.html [2011-10-27].
宋思根, 程思思. 2010. 产学研主体的合作障碍与动力机制. 安徽科技, (6): 30-32.
苏敬勤. 1999. 产学研合作创新的交易成本及内外部化条件. 科研管理, (5): 68-72.
孙文. 2011. 产学研合作技术创新——国外主要产学研合作组织模式研究. 江苏科技信息, (7): 1-4.
涂亚庆, 毛育文, 杨辉跃. 2011. 政产学研用合作教育培养研究生创新能力. 中国电力教育, (26): 56-58, 62.
王英俊, 丁堃. 2004. "官产学研"型虚拟研发组织的结构模式及管理对策. 科学学与科学技术管理, (4): 40-43.
吴迪. 2007. 发挥中介机构作用 促进产学研结合. http://news.sciencenet.cn/htmlnews/20071101168621077.html?id=1077 [2007-01-10].
吴刚. 2011. 产学研结合提升创新能力. http://news.163.com/11/0802/04/7AE56N9H00014AED.html [2011-08-02].
谢晋浩, 王文奎, 孙宁. 国外产学研合作创新的经验及对我们的启示, 陕西职业技术学院学报, 2008 (3): 1-4, 33.
徐博. 2009. 促进产学研合作的财税政策探讨. 内蒙古财经学院学报 (综合版), 7 (3): 111-116.
杨晶. 2012. 德国产学研合作模式研究. 商业时代. (16): 121-123.
杨希文. 1999. 加拿大高等教育产学研结合探微. 西北大学学报 (哲学社会科学版). 11: 154-157.
游文明等. 2004. 产学研合作动力机制优化研究. 科学学与科学技术管理, (10): 9-12.
岳贤平, 李廉水. 2009. 我国产学研合作研究述评. 商业研究, (8): 120-123.
张波. 2012. 民办高校建构产学研合作教育网络平台的必要性分析. 网友世界, (11): 2, 13.
张承奎. 1999. 经济腾飞的"秘密武器"——关于德国双元制职业教育的思考. 广东行政学院学报, (3): 87-90.
张舵, 陈钢, 蔡玉高. 2011-01-19. 我国半数科技成果沦为"展品". 经济参考报.
张俊, 李忠云. 2007. 论我国高校产学研结合的可持续发展模式. 沧桑, (1): 155-157.
张曼平. 2009. 论我国产学研结合的动因、障碍、模式与动力机制. 河南社会科学, (6): 203-205.
张勇, 罗慧, 李克明. 2010. 产学研合作的问题分析与对策思考. 中国高校科技, (7): 44-45.

赵兰香.1996.产学研合作与制度创新.科研管理,(11):13-17.
中共中央,国务院.2012.关于深化科技体制改革加快国家创新体系建设的意见.http://www.stdaily.com/special/content/2012-09/24/content_522155.htm[2012-09-24].
中国驻日本使馆教育组.2001.日本大学的产学研合作.中国高等教育,(4):48-49.
中华人民共和国国家统计局.2011.2011中国统计年鉴.北京:中国统计出版社.
中华人民共和国国家统计局.2012.2012中国统计年鉴.北京:中国统计出版社.
中华人民共和国国家统计局,国家发展和改革委员会,科学技术部.2011.2011中国高技术产业统计年鉴.北京:中国统计出版社.
周国红,陆立军.2005.产学研对企业竞争力的影响程度研究——基于1639家中小企业问卷调查与分析.研究与发展管理,(10):68-72.
朱恪孝.2010.西部地区产学研的现状、问题和对策.西北大学学报(哲学社会科学版),(7):70-76.
祝东伟.2006.国外产学研合作典型模式的研究与启示.中国科技产业,12:78-81.
左铁镛.2007.积极推动产学研合作 大力促进技术创新.中国科技产业,(11):27-30.

后　　记

　　尽管产学研合作的重要性和紧迫性早已得到政府、企业、高校、科研院所和社会的广泛认同，但由于企业、高校和科研院所各方的管理体制、责任和任务不同、对科技创新的理解不同、对科技人员的激励机制不同，加上政府的支持力度不大，使产学研合作长期以来存在着许多困难和障碍。本书从产学研合作的概念与内涵、国内外研究现状、体制机制、困难与障碍、政策设计和应用实践等方面进行了较全面的分析研究，以期引起政府、企业、高校、科研院所等对我国（特别是西部地区）的产学研合作的高度关注。

　　本书系国家教育体制改革试点项目"创新高校与行业企业产学研合作模式"、重庆市软科学项目"重庆产、学、研合作内涵、管理体制和运行机制研究"、重庆市高等教育教学改革研究重大项目"西部地区地方院校开放式办学的探索与实践"的成果之一。这些项目由重庆工商大学原校长王崇举教授主持，重庆工商大学及重庆广播电视集团等单位的有关领导、专家及专兼职教师和研究人员共计20余人参与研究。

　　本书由王崇举、郑旭煦策划设计，分为理论（第一章至第七章）和实践（第八章至第十二章）两部分。具体编写情况如下。

　　第一章：李颖慧，第二、第三章：周莉，第四章：赵金锁，第五章：石玲，第六章：朱莉芬，第七章：李川；第八章：郑旭煦，第九章：何全先，第十章：殷俊、朱洁，第十一章：李川，第十二章：黄云超。

　　理论部分由王崇举主审，实践部分由郑旭煦主审，最后由王崇举、郑旭煦统稿。郑旭煦、黄云超还承担了全书的编校工作。

　　我们在项目的研究与本书的写作过程中，得到了教育部科技司和高教司有关领导的关心和指导，得到了重庆市科学技术委员会、重庆市教育委员会、重庆工商大学、重庆邮电大学、重庆交通大学、重庆理工大学、重庆文理学院、重庆广播电视集团等单位有关领导、专家、同仁的大力支持和帮助。在此表示衷心感谢！同时，本书参阅了大量相关著作和文献资料，对这些著作和资料的作者，也一并致谢。我们还想借此机会，向 10 年来和我们一起探索产学研合作的重庆工商大学的师生，和我们精诚合作的企业界、科技界的朋友们表示我们最真诚的谢意！

　　鉴于我们的水平和视野有限，难免存在疏漏和不足，敬请读者批评指正！